PREPARE-SE PARA PASSAR!
COMO SE SAIR VITORIOSO EM PROVAS E CONCURSOS

Fred Orr
Paulo César Pereira
Roseli Maria Ferreira Lopes

2010, Editora Fundamento Educacional Ltda.

Editor e edição de texto: Editora Fundamento
Capa e editoração eletrônica: Duilio David Scrok/Marcelo Barros
CTP e impressão: SVP - Gráfica Pallotti

Produzido originalmente por HarperCollinsPublishers, Austrália, 2001
Copyright © Fred Orr 1997

Dados Internacionais de Catalogação na Publicação (CIP)
(Câmara Brasileira do Livro, SP, Brasil)

Orr, Fred
  Prepare-se para passar!/Fred Orr; [versão brasileira da editora] – 1. ed. – São Paulo, SP : Editora Fundamento Educacional, 2010.

  Título original: How to pass exams.

  1. Exames – Guias de estudo 2. Métodos de estudo 3. Trabalho intelectual – Metodologia 4. Trabalhos escolares I. Título.

07-7503   CDD-371.26

Índice para catálogo sistemático
1. Exames : Preparação : Guias do estudante : Educação 371.26

Fundação Biblioteca Nacional

Depósito legal na Biblioteca Nacional, conforme decreto nº 1.825, de dezembro de 1907. Todos os direitos reservados no Brasil por Editora Fundamentos Educacional Ltda.

Impresso no Brasil

Telefone: (41) 3015 9700
E-mail: info@editorafundamento.com.br
site: www.editorafundamento.com.br

Sumário

Prefácio 5
A hora e a vez dos brasileiros! 7

PARTE 1 ~ PREPARAÇÃO PARA OS EXAMES
1. Organize-se! 15
2. Motive-se! 25
3. Melhore a sua concentração 33
4. Administre o seu tempo 40
5. Melhore a sua memória 50

PARTE 2 ~ O DESEMPENHO NAS PROVAS
6. Controlando os nervos 58
7. Lidando com o medo de provas 68
8. Organizando a sua revisão 77
9. Tendo um bom desempenho nas provas 87
10. Lidando com diferentes tipos de prova 94

Apêndice 108
A arte de marcar X (de Paulo César Pereira) 117
Considerações finais (de Roseli Maria Ferreira Lopes) 138

Prefácio

Todo mundo, pelo menos uma vez na vida, precisa fazer um teste – seja ele qual for. Mesmo após a fase escolar, muitos de vocês enfrentarão outros tipos de testes, como entrevistas de emprego (testes orais), exames de autoescola e concursos.

Durante todos esses anos de trabalho no Serviço de Aconselhamento Psicológico da Universidade de New South Wales, tenho visto um grande número de candidatos com vários problemas causados por exames e provas. Eles relatavam que enfrentavam dificuldades para dormir na véspera de provas, que dava um branco na hora da prova e que sentiam dores durante a prova. Alguns haviam terminado o namoro durante o período de provas. Um dos principais problemas era saber como administrar bem o tempo, o eterno inimigo da maioria dos candidatos.

O desemprego continua em alta, e a competição está cada vez mais acirrada. Com isso, a pressão cresce a cada dia. Se você não for bem em um teste, pode ser que não consiga aquele trabalho que tanto quer. Preparar-se de maneira adequada e fazer uma boa prova podem ser cruciais para o seu futuro.

Como a sua preparação e o seu desempenho durante uma prova podem ser melhorados? Ler este livro já é um bom começo. Ele está dividido em duas partes: a Parte 1 apresenta as estratégias de preparação para exames, e a Parte 2 trata do desempenho durante provas – como manter a calma, revisar as questões e se portar durante o exame. Algumas estratégias e técnicas, como relaxar a mente, levarão meses para serem desenvolvidas, portanto, é importante começar desde já e não deixar para a última hora.

O livro é baseado em princípios cognitivos e comportamentais, úteis em sua preparação e desempenho. Você precisa dar o primeiro passo – o quanto antes começar, melhor. A primeira mensagem: organize-se! A segunda mensagem: estude de forma contínua. Depois de aprender as principais lições deste livro, você desejará saber como aplicar os princípios na prática. Não pare.

Primeiro, leia o índice e identifique os capítulos de maior importância e relevância para você. Tornar-se mais eficiente quando o tempo é limitado é uma habilidade fundamental, como será visto mais tarde. Assim, leia primeiro os capítulos que tratam especificamente dos seus problemas. Aprenda as técnicas que serão úteis para o seu sucesso nas provas e, quando você tiver mais tempo e as circunstâncias permitirem, leia os outros capítulos.

Se você teve boas experiências com provas e está lendo este livro para melhorar ainda mais, bom para você. Mas, se suas experiências passadas não têm sido muito boas, leia este livro para aprender as técnicas e aplique-as sempre que possível. Encare cada tentativa como uma experiência de aprendizagem, isso o ajudará a ter mais motivação. Quanto mais experiência acumular, melhores serão os resultados a cada tentativa.

Boa leitura e boa sorte! Não se deve contar muito com a sorte – comece a se preparar agora mesmo!

Fred Orr
Sydney

A hora e a vez dos brasileiros!

"HSBC abre seleção em São Paulo"

"TCU: Órgão abre até 3/7 período de inscrições"

"Ambiente: Secretaria de SP seleciona 300"

"Ibiúna: Câmara Municipal abre seleção"

Estas são algumas das manchetes estampadas diariamente nos jornais brasileiros. E ninguém está tentando apenas motivá-lo. Essas notícias foram realmente publicadas pelo jornal Folha de São Paulo.
"Será que temos mais concursos públicos hoje do que há alguns anos?"
Você certamente já percebeu que os concursos públicos estão em evidência, e isso não é só impressão. É fato. Não só temos mais concursos hoje no Brasil, como eles estão sendo mais divulgados, o que é muito bom para quem está interessado em ingressar em uma carreira pública.
Se seu objetivo é conhecer melhor as opções disponíveis, vai descobrir que a internet facilitou muito essa tarefa. É possível pesquisar notícias de novos concursos, ler editais e ter acesso às provas anteriores. Tudo pelo computador. Uma comodidade que deve ser vista como estímulo ao candidato. No Brasil, também é grande o número de jornais, revistas e sites sobre o tema. Os principais jornais (inclusive nas versões on-line) também mantêm espaços fixos para concursos. Tudo ao alcance das mãos.
Se está lendo este livro, certamente está pensando em prestar um concurso (ou mais um), por isso consultamos coordenadores pedagógicos e

professores dos principais cursinhos preparatórios para concursos de todos os níveis para saber o que eles recomendam aos estudantes brasileiros. Dicas preciosas resultaram desses contatos. Todas para você!

A FALTA DE CONFIANÇA ATRAPALHA

Ao conversar com amigos e parentes sobre formação educacional, você deve ter percebido que a educação básica deficiente, anos e anos de ensino ruim, salvo raras exceções, deixaram os brasileiros meio desconfiados em relação a concursos. Confirme isso, assinalando abaixo frases que já ouviu de colegas ou pensamentos que já passaram por sua cabeça, ao decidir prestar um determinado concurso.

Eu não tenho base, estudei em escolas ruins e fui avançando sem aprender.
Nunca vou passar, não sei como estudar.
Concursos são feitos para alunos de boas escolas.
Isso é para os outros, não para mim, nem vale a pena tentar.

Se alguma dessas frases foi dita (ou pensada) por você alguma vez na vida, não se culpe! De fato, grande parte das escolas públicas é de baixa qualidade, os professores são mal remunerados e, às vezes, despreparados. Especialistas dizem que o projeto pedagógico contém equívocos graves e apontam deficiências no ensino, inclusive de escolas particulares. Talvez você não tenha uma boa base, nem conheça métodos de estudo. Reflita: ainda há tempo para virar o jogo e ser bem-sucedido em qualquer concurso público. Acredite e faça acontecer!

O que é preciso fazer?

Vejamos a história de Fernando, estudante de escolas de baixa qualidade em toda a vida.

Hoje, Fernando tem 26 anos, trabalha no comércio, mas sonha com uma vida mais estável. Embora não se sinta, nem de longe, capaz de enfrentar um desafio desse porte, fica entusiasmado quando, aos domingos, folheia o jornal e vê a enorme quantidade de concursos públicos com inscrições abertas.

O engraçado é que, até bem pouco tempo, ele achava que concursos só se destinavam a quem tinha ido para a universidade, mas descobriu que estava errado.

Desanimado, Fernando fechava o jornal e tentava esquecer a ideia. "Jamais, jamais passaria em uma prova", pensava. Ele, justo ele, que se arrastou ano após ano para ser aprovado... "Impossível!", concluía.

Uma boa conversa mudou a vida de Fernando. Um dia, foi flagrado por um amigo lendo um jornal de concursos e, cansado de sonhar sozinho, o rapaz resolveu partilhar suas ideias. Quem sabe o amigo, Paulo, gerente de uma empresa há anos, visse o tema com outros olhos. Foi exatamente o que aconteceu.

Paulo contou histórias de conhecidos que trabalhavam em tribunais de Justiça, prefeituras, etc. Alguns vindos de escolas públicas. Com ajuda, eles estudaram para concursos e foram aprovados. Fernando voltou para casa radiante. Havia sido tolo em pensar que só para ele as coisas não funcionariam. Na manhã seguinte, procurou uma escola preparatória para concursos.

AS BARREIRAS DA EDUCAÇÃO DEFICIENTE

É normal que, ao passarem pelos bancos das escolas públicas e privadas deficientes, estudantes brasileiros saiam com problemas de formação. Não é raro vermos estudos apontarem crianças no 5º ou 6º ano incapazes de resolver problemas simples de matemática ou com sérias dificuldades na hora de compreender um texto. Se você é um deles, vai precisar recuperar o tempo perdido e estudar disciplinas básicas. Valerá a pena! Aqui vão algumas sugestões.

- Esqueça as deficiências e comece a se mexer.
- Tenha em mente que você busca uma carreira, portanto, comece a analisar os editais dos concursos. Você precisa saber o que vão exigir nos exames.
- Escolha a carreira pela função que vai exercer, não apenas pelo salário.
- Pense que vai trabalhar naquela área por anos, talvez até prestar outro concurso e seguir crescendo na carreira pública.
- Lembre-se de que carreira não é a mesma coisa que emprego.
- Não se esqueça de que funcionalismo público não é mamata.
- Reveja seus valores e prioridades. Projete-se: o que sonha ser daqui a quinze anos?

OS PRÓXIMOS PASSOS

Se você já sabe quais são os possíveis concursos do seu interesse, é hora de arregaçar as mangas e começar a estudar. A dura realidade do mercado de trabalho brasileiro complica tudo. E também desafia. E desafios existem para se ganhar!

DISCIPLINA

Estudar e trabalhar, como fazem milhares de pessoas, pode funcionar, mas requer disciplina. Coloque uma coisa em mente: concurso público é projeto de vida de médio prazo. Você vai ter que estudar até passar. Até passar? E se demorar? O que eu faço? Continue estudando. Seu objetivo é passar!

SACRIFÍCIOS

Não espere uma rotina simples, de casa para o trabalho, do trabalho para casa todos os dias. Você não está se propondo a seguir um projeto de vida? Então, assuma-o com garra e seja persistente. Preparar-se para um concurso exige:

- dedicação;
- planejamento;
- vontade;
- uma nova rotina de vida.

Inspire-se na história de José Márcio. Ele, de fato, abraçou um projeto. Logo que procurou ajuda em um cursinho preparatório, José Márcio assistiu a uma aula geral sobre concursos. O professor disse que o ideal seria que todos os interessados se dedicassem integralmente aos estudos e, assim, pudessem voltar toda a atenção ao projeto e estudar com afinco todos os dias, além de frequentar as aulas do cursinho com mais disposição.

José Márcio voltou para casa decepcionado. Andou pelas ruas dirigindo o carro novo – uma de suas últimas conquistas (enfim, estava livre dos ônibus lotados!) – pensando em como, para ele, seria impossível largar tudo e só estudar. Faltavam dez prestações para saldar o automóvel, tinha feito planos de viajar para a praia com os amigos no fim do ano, queria trocar o fogão e a geladeira da mãe no Natal... Melhor esquecer.

Comunicou a decisão aos pais. Ia desistir do concurso público e continuar trabalhando no banco. Ganhava bem e, acima de tudo, essa coisa de realização profissional parecia, agora, subitamente, desnecessária. A mãe pediu explicações: afinal de contas, tantos sonhos, tantos planos e, de repente, aquela decisão. Não dava para compreender. Dona Joana ouviu o filho contar tudo em detalhes, das palavras do professor às próprias conclusões. E fez apenas um comentário: "Você precisa saber o que é mais importante para você."

Deu-lhe boa noite e foi dormir. José Márcio não conseguiu sair da cadeira onde estava, na cozinha, até as 2 da madrugada. Como não tinha pensado nisso? Se o concurso público era seu projeto de vida, significava bons salários, uma carreira na área de que gostava e estabilidade, por que não investir nele? O jovem rapaz ficou horas fazendo cálculos: quanto poderia obter com a venda do carro, descontadas as parcelas restantes, com o acerto de contas com a demissão do banco, as economias, etc.

Depois de muitas contas, descobriu que, somando tudo, poderia sobreviver por dois anos na casa dos pais – tempo suficiente para estudar bastante e passar. Dito e feito. Um ano e meio depois, José Márcio entrava pela primeira vez numa secretaria do estado como funcionário.

DISTRAÇÕES

Estudar o dia todo não é fácil. É preciso ter método, disciplina e muita força de vontade. Converse com os seus familiares e compartilhe seu projeto. Diga que vai estudar para um concurso por longos meses (até passar!) e precisará que o compreendam e o ajudem nessa nova fase da vida. Quem fica em casa é visto como alguém que "nada faz" e pode ajudar nas tarefas dos outros. Isso não é verdade. Cabe a você mostrar isso aos parentes e amigos para não deixar que o atrapalhem nos estudos. Assuma a nova vida como um trabalho, com hora para começar e para acabar, um espaço previamente definido. Fique longe da televisão. Desligue todos os programas de bate-papo instantâneo no computador. Desligue o celular.

Ser rigoroso é fundamental para o seu sucesso.

UM DIFERENCIAL COMPETITIVO

Resolvidos os problemas de ordem prática, aprenda a estudar. Joaquim conta que recebeu de um professor uma dica valiosa que o ajudou muito quando ia concorrer a uma vaga no Tribunal de Contas da União e que se aplica a qualquer pessoa.

"Um dia, um professor me falou da importância de começar os estudos pelo edital.

– Pelo edital? Aquele texto chato? – perguntei no ato.

– Esse mesmo – o professor respondeu com calma.

Vi que tinha dado um fora e resolvi tentar entender o que ele queria dizer com aquela dica que, por sua atitude, parecia de grande utilidade:

– Ali estão as regras do processo de seleção e vale a pena comparar o edital atual com os anteriores, assim como buscar as provas já aplicadas para conhecer a linha de raciocínio de cada uma das instituições.

Pensei em como eu não tinha visto como aquilo tudo era óbvio.

Vendo meu interesse repentino, prosseguiu orgulhoso de me apresentara um novo mundo:

– Nunca é demais lembrar que os concursos são aplicados por diferentes entidades, elaborados por diferentes equipes, cada uma com suas características e peculiaridades. Conhecê-las pode garantir vantagem competitiva.

'Vantagem competitiva', pensei, 'eis o que faz as pessoas passarem nos concursos.'"

O TEMPO COMO ALIADO, NÃO COMO INIMIGO

Ao conhecer as provas e participar de simulados antes do concurso, você se familiariza com o tipo de exame aplicado e pode treinar para responder às questões no tempo dado pelos examinadores. Os concursos têm regras próprias e um tempo máximo predeterminado para o candidato mostrar seus conhecimentos. Resumindo: você tem alguns minutos ou segundos para responder a uma questão. Se souber disso e tiver praticado dessa forma, será muito mais fácil, concorda? Experimente. Além de prática, vai conquistar autoconfiança.

GRAU DE DIFICULDADE

Um professor de cursinho irritava os alunos quando dizia que o pior é um concurso com prova fácil. Quem não quer encarar questões mais simples e garantir um bom resultado?

O que quase ninguém na sala havia pensado, até ouvir esse professor, é que provas fáceis beneficiam também aqueles que estudaram pouco, ao passo que provas difíceis são melhores para os que estão mais preparados. Lembre sempre que, em um concurso, muitos candidatos disputam a mesma vaga. Comece a torcer por provas difíceis e estude o máximo que puder.

UM OBJETIVO EM MENTE

Quem se prepara para prestar um concurso tem que ter um objetivo em mente, precisa estar motivado, ser otimista e, ao mesmo tempo, preparar-se para frustrações.

Boas histórias servem de inspiração. Mais ainda quando envolvem a compreensão dos pais e familiares. Conheça Joana.

Joana estudou em colégios particulares a vida toda, uma boa aluna. Nunca teve dificuldades. Quando chegou a hora de escolher a profissão, optou por Medicina. Os pais apoiaram, e ela prestou vestibular para tentar uma vaga em uma universidade pública. Não passou. No ano seguinte, fez cursinho e novamente o concurso. Foi aprovada em uma universidade particular. A família não podia bancar uma mensalidade tão alta. O caminho era voltar aos livros e fazer nova tentativa. Depois de cinco anos, Joana ingressou no curso de Medicina, na USP, exatamente como desejava.

Persistência e determinação garantiram o sucesso dela. Garantirão o seu também.

PARTE 1
PREPARAÇÃO PARA OS EXAMES

1. Organize-se!

Eu passo tanto tempo tentando me organizar que acaba não sobrando tempo para estudar. – diz o estudante preocupado

Algumas pessoas fazem um esforço muito grande para organizar seu tempo. Outras evitam se dedicar a tal atividade. Outras, ainda, se perdem totalmente no meio do processo. À medida que as provas se aproximam, o tempo dedicado aos estudos é crucial. Passar em exames pode depender de como você organiza o seu tempo.

Assinale as opções com as quais você se identifica e veja como anda a sua habilidade em organizar o tempo.

Lista para checar sua organização

( ) Desperdiço horas, às vezes dias inteiros, fazendo coisas sem importância.
( ) Estudo de maneira desorganizada.
( ) Tenho dificuldade em separar os pontos principais dos de menor importância.
( ) Deixo para última hora a revisão para provas importantes.
( ) Costumo dar início às tarefas relacionadas aos estudos, mas não consigo terminá-las.
( ) Sou muito indeciso.
( ) Costumo refazer as tarefas sem necessidade.
( ) Em vez de estudar, fico pensando em possíveis causas de fracasso.
( ) Não consigo permanecer quieto no meu local de estudo.
( ) Costumo reorganizar minha mesa antes de começar a estudar.

Caso tenha assinalado mais de cinco alternativas, você precisa de ajuda para aprender a administrar o seu tempo. Você deve conhecer aquele velho ditado muito utilizado no mundo dos negócios: "Tempo é dinheiro." O equivalente no mundo dos concursos é: "Tempo são notas." Se conseguir administrar melhor o seu tempo, obterá resultados mais satisfatórios.

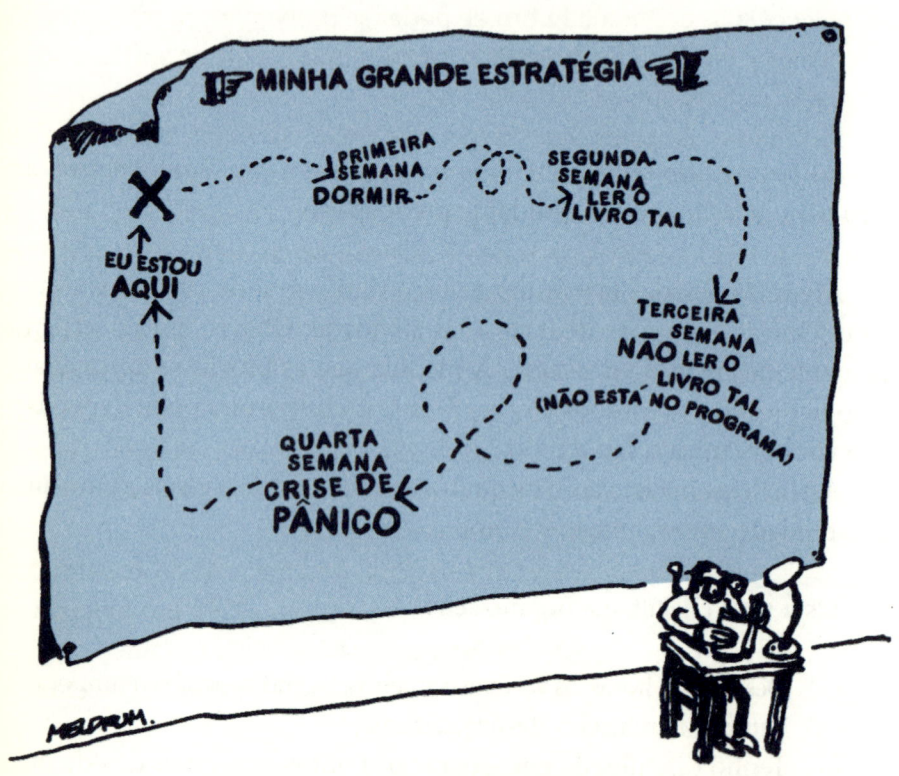

PLANEJAMENTO A LONGO PRAZO

O que pode ser considerado um longo prazo? Pode-se dizer que tal prazo corresponde a um período de cinco a dez anos, o tempo que você pode levar investindo na sua educação e na sua formação, antes de entrar no mercado de trabalho. Pode parecer uma eternidade, mas ter uma ideia de onde se pretende chegar pode ajudá-lo a gerenciar melhor o tempo.

ORGANIZANDO OS SEUS DIAS, TODO DIA

Não importa se usa aparelhos eletrônicos ou papel e caneta. Você precisa se organizar para o dia de hoje e o de amanhã – dias extremamente importantes! Se esses dias tiverem um bom rendimento, o resto da semana (e do mês, do ano, etc.) também terá.

O mais importante é estabelecer um tempo para cada uma das atividades. Planeje os dias e semanas a fim de poder se preparar com tranquilidade para as provas e também ler, pesquisar, tomar notas e realizar outras atividades de apoio aos estudos.

Especialistas afirmam que metas que estão no papel costumam ser atingidas mais facilmente do que as que estão apenas na mente. Talvez seja pelo fato de que as metas escritas no papel assumam o valor de um contrato. Qualquer que seja a explicação, o fato é que manter as metas apenas dentro da cabeça não funciona tão bem quanto anotá-las.

Alguns podem perguntar: "Para que ter o trabalho de anotar as coisas que pretendo fazer?" A resposta é simples: você se sairá melhor nas suas provas. Imagine esquecer o aniversário da sua mãe (e só se lembrar três dias depois!) ou o pagamento de uma conta. Coisas do dia a dia podem ser deixadas para trás, principalmente em épocas tumultuadas. O que você pode fazer para evitar que isso aconteça? Planejar os seus dias, todo dia.

Um planejamento eficiente consiste em fazer algo mais do que simplesmente rabiscar uns lembretes em um pedaço de papel. A melhor maneira de proceder é utilizar uma agenda e dedicar uma página para cada dia.

Existem três elementos importantes em um planejamento eficiente:

1. uma descrição precisa de cada tarefa a ser realizada
2. um ranking de prioridades, que leva em conta a importância e a urgência
3. uma estimativa do tempo necessário ao cumprimento da tarefa.

Ainda há um quarto elemento muito importante – o tique que significa concluído! Use uma caneta hidrográfica vermelha para "ticar" e faça-o com entusiasmo!

O planejamento diário vai ajudá-lo a organizar melhor o seu tempo e as suas tarefas. Elas devem ser específicas, mensuráveis, possíveis, relevantes e cronometradas.

Não faz sentido nenhum estabelecer metas complicadas demais. Isso só causará frustração e não fará bem à sua autoestima. O seu estado de espírito vai estar diferente a cada dia, portanto, adapte sua maneira de trabalhar. Quando estiver se sentindo bem disposto, dedique-se àquela tarefa mais complicada. Caso a sua mente esteja cheia de problemas e você esteja com pouca energia, dedique-se a uma tarefa mais simples. O segredo de um bom planejamento é a eficiência – use a sua energia e o seu tempo a seu favor.

Cuidado com os amigos: eles poderão afastá-lo de suas tarefas e, com frequência, surgir com distrações tentadoras. Saiba dizer "não" e resista à tentação. Apesar de reclamar, eles irão compreender. Quando você diz "não", ganha mais tempo de estudo e, consequentemente, prováveis notas maiores.

PONTOS-CHAVE PARA UM BOM PLANEJAMENTO DIÁRIO

- Faça um planejamento todos os dias – de preferência, em uma agenda.
- Defina as suas tarefas com precisão.
- Especifique um tempo de duração para cada tarefa – isso é muito importante quando ligar para um amigo.
- Faça um tique ao lado de cada tarefa cumprida – aprecie a sensação de realização.
- Reserve um tempo maior para trabalhos grandes ou complicados.
- Planeje os dias da semana e os fins de semana também, principalmente nas últimas semanas do semestre.
- Faça revisões rápidas enquanto estiver em filas ou esperando para ser atendido pelo médico, por exemplo. Utilize "cartões lembretes".
- Aproveite para estudar durante viagens – lembre-se de levar suas anotações, livros e outros materiais de estudo.
- Ao fazer o planejamento para o dia seguinte, pense a longo prazo (duas semanas, por exemplo) e dê atenção especial para projetos importantes.

ORGANIZANDO OS TRABALHOS MAIS IMPORTANTES

O preparo de trabalhos e projetos importantes será parte significativa de sua rotina de estudos. É um procedimento que demanda horas e horas. O resultado será bem melhor se você tiver tempo organizado para realizá-los. No caso de um candidato a provas avaliatórias de qualquer espécie – vestibulares, concursos – é necessário estimar tempo necessário para projetar, organizar e realizar tal trabalho.

De que falamos, de fato, aqui? Dependendo do tipo de candidato, levando em conta seu perfil na totalidade, haverá necessidade do uso de bibliotecas. Isso é um passo fundamental para a obtenção de bons resultados. E é um importante trabalho a ser feito dentro da rotina de qualquer candidato.

Organizar todos os passos a serem dados em uma pesquisa, uma consulta, um período de estudo, enfim, em tudo o que se refere ao uso de um espaço público, no caso, a biblioteca, é crucial para o bom andamento de uma rotina de estudo.

Determinar o período em que vai diária ou semanalmente até a biblioteca, listar os assuntos a serem pesquisados, formular as questões que devem ser respondidas com a pesquisa, enfim, incluir a visita à biblioteca como parte da rotina de estudos é uma ferramenta eficaz na caminhada rumo a provas de concursos, quaisquer que sejam eles. Nem todos podem comprar todas as obras solicitadas nos diversos exames. Mesmo que possam, são obras de interesse temporário. Nesse contexto, a biblioteca é uma solução viável, possível e eficiente.

QUANTAS HORAS POR SEMANA DEVO ME DEDICAR AOS ESTUDOS?

A qualidade e quantidade do tempo dedicado aos estudos varia de acordo com a matéria e as habilidades de cada um. Varia também quanto ao volume de conteúdo que será exigido nas provas e quanto ao número de provas a serem feitas. No caso de alguém que só pode ter dedicação parcial, por estudar ou por trabalhar em determinados períodos, a organização de uma rotina diária de estudos é fundamental.

Tal organização deve ser feita tendo em vista o número de disciplinas que devem ser assimiladas pelos candidatos. É claro que, se houver apenas duas disciplinas no quadro de exigências, a rotina semanal vai girar em torno de duas variáveis. Se houver seis disciplinas, a rotina semanal deve girar em torno dessas seis variáveis.

O que se está deixando claro é que cada um dos conteúdos deve ter pelo menos um período durante a semana para ser devidamente enfocado, assimilado e exercitado. Nisso é que deve ser baseada a tabela de horários semanal de qualquer candidato para qualquer concurso ou prova.

No caso de alguém que frequente um curso preparatório ou mesmo a escola regular, a tabela semanal de horários de estudos deve ter uma certa lógica. É importante, por exemplo, que antes de qualquer aula de uma determinada matéria, o conteúdo anterior tenha sido visto, assimilado e exercitado e, se houver alguma dúvida, que seja resolvida antes da continuidade do assunto. Isso quer dizer que, se o candidato tem aula de matemática financeira na terça-feira, o período de estudo extraclasse de segunda-feira deverá ser dedicado, total ou parcialmente, ao enfoque do que já foi visto na matemática financeira.

Em caso de trabalhador, que ainda frequente cursos preparatórios noturnos, sobra o fim de semana para criar a rotina que, de semanal, passa a ter apenas dois dias. Fica mais difícil, com certeza. Mas, dependendo da concorrência e das habilidades do candidato, esses dois dias podem suprir o período de uma semana. São raros os casos. Mas existem.

SUGESTÕES DE TABELA COM ROTINA DE ESTUDOS COM BASE EM SEIS MATÉRIAS

Tabela 1
Para o candidato que trabalha e faz curso preparatório

Observação 1
Quando voltar do curso preparatório, usar uma hora para organizar as anotações do dia, todos os dias da semana.

Tabela para o fim de semana

SÁBADO		
Manhã	**Tarde**	**Noite**
9h – Matéria 1	14h – Matéria 4	20h – Matéria 2
10h – Matéria 2	15h – Matéria 5	21h – Matéria 3
11h – Matéria 3	16h – Matéria 6	22h – Matéria 4
—	17h – Matéria 1	—
12h a 14h – Descanso	18h a 20h – Descanso	23h a 9h – Descanso

DOMINGO		
Manhã	**Tarde**	**Noite**
10h – Matéria 5	14h – Revisão 1	Descanso
11h – Matéria 6	15h – Revisão 2	Descanso
—	16h – Revisão 3	Descanso
12h a 14h – Descanso	17h – Descanso	Descanso
—	—	—

Observação 2

A ordem das matérias na rotina de estudos deve ser da mais difícil para a mais fácil e da mais desconhecida para a mais conhecida. Essa escala difere de candidato para candidato.

Observação 3

O rodízio de um número menor ou maior de matérias será feito usando o mesmo esquema apontado na observação 2 e racionalizado pelo bom senso no uso do domingo.

Tabela 2
Para o candidato que trabalha e não faz curso preparatório

Tabela semanal

Noite				
Segunda-feira	**Terça-feira**	**Quarta-feira**	**Quinta-feira**	**Sexta-feira**
19h – Matéria 1	19h – Matéria 4	19h – Matéria 1	19h – Matéria 4	19h – Matéria 1
20h – Matéria 2	20h – Matéria 5	20h – Matéria 2	20h – Matéria 5	20h – Matéria 2
21h – Matéria 3	21h – Matéria 6	21h – Matéria 3	21h – Matéria 6	21h – Matéria 3

Sábado		
Manhã	**Tarde**	**Noite**
9h – Matéria 4	14h – Matéria 1	19h – Matéria 4
10h – Matéria 5	15h – Matéria 2	20h – Matéria 5
11h – Matéria 6	16h – Matéria 3	21h – Matéria 6
12h a 14h – Descanso	17h a 19h – Descanso	22h a 8h – Descanso

Domingo		
Manhã	**Tarde**	**Noite**
9h – Matéria 1	14h – Matéria 4	Descanso
10h – Matéria 2	15h – Matéria 5	Descanso
11h – Matéria 3	16h – Matéria 6	Descanso
12h a 14h – Descanso	17h – Descanso	Descanso

Tabela 3
Para o candidato que não trabalha e faz curso preparatório

Rotina de segunda a sexta-feira	
Período 1	**Período 2**
1 hora – Matéria 1	1 hora – Matéria 5
1 hora – Matéria 2	1 hora – Matéria 6
1 hora – Matéria 3	1 hora – Matéria 1
1 hora – Matéria 4	1 hora – Matéria 2
2 horas de descanso	2 horas de descanso

Sugestão de horários para os diversos períodos, dependendo do horário de frequência ao curso preparatório.

∞ Período da manhã
8h/9h/10h/11h – das 12 às 14h – descanso

∞ Período da tarde
14h/15h/16h/17h – das 18h até a hora do curso – descanso

∞ Período da noite (caso faça curso de manhã ou à tarde)
19h/20h/21h/22h – das 23h em diante – descanso até a manhã seguinte

Rotina de fim de semana

Sábado		
Manhã	**Tarde**	**Noite**
9h – Matéria 3	14h – Matéria 6	20h – Matéria 4
10h – Matéria 4	15h – Matéria 1	21h – Matéria 5
11h – Matéria 5	16h – Matéria 2	22h – Matéria 6
12h a 14h – Descanso	17h – Matéria 3	23h a 8h - Descanso
—	18h a 20h – Descanso	—

Domingo		
Manhã	**Tarde**	**Noite**
9h – Matéria 1	14h – Matéria 4	Descanso
10h – Matéria 2	15h – Matéria 5	Descanso
11h – Matéria 3	16h – Matéria 6	Descanso
12h a 14h – Descanso	17h em diante – Descanso	Descanso
—	—	—

Tabela 4
Para candidato que não trabalha e não faz curso preparatório

Segunda-feira a sábado		
Manhã	**Tarde**	**Noite**
8h – Matéria 1	14h – Matéria 5	20h – Matéria 3
9h – Matéria 2	15h – Matéria 6	21h – Matéria 4
10h – Matéria 3	16h – Matéria 1	22h – Matéria 5
11h – Matéria 4	17h – Matéria 2	23h – Matéria 6
12h a 14h – Descanso	18h a 20h – Descanso	24h a 8h – Descanso

Domingo		
Manhã	**Tarde**	**Noite**
10h – Matéria 1	15h – Matéria 4	Descanso
11h – Matéria 2	16h – Matéria 5	Descanso
12h – Matéria 3	17h – Matéria 6	Descanso
13h a 15h – Descanso	18h em diante – Descanso	Descanso

O MEU MÉTODO DE ESTUDOS DEVE SER IGUAL PARA TODAS AS MATÉRIAS

Não. O melhor jeito de estudar matemática, por exemplo, é resolvendo problemas – muitos problemas – até chegar ao ponto em que a resolução se torna automática. Ao atingir esse nível, você saberá quais os procedimentos a serem utilizados para cada tipo de questão. É aconselhável fazer muitos exercícios. Após ter compreendido a teoria e ter visto como ela é aplicada nos problemas, tente resolver exercícios. Caso não consiga resolvê-los, peça ajuda. Você irá perceber que estudar matemática demanda bastante tempo e treino.

Resumindo: será necessário empregar um método diferente para cada matéria. Leve em consideração os seus interesses, os seus pontos fortes e fracos e o seu tempo disponível. Não deixe o conteúdo acumular e reserve bastante tempo para fazer exercícios. Estude as matérias que considera mais difíceis no período do dia em que você rende mais e deixe as mais fáceis para outros períodos do dia.

POSSO MELHORAR A MINHA REDAÇÃO?

Sim, com muito treino. Um dos maiores problemas é que os estudantes não reservam tempo para praticar redação, pois acham que vão dar conta do recado na hora da prova. Quantos atletas teriam coragem de ignorar o treinamento e esperar vencer um campeonato? Poucos – e são esses que irão perder.

Uma boa forma de praticar a sua escrita é fazer pequenas redações (cerca de 250 palavras) e entregar a um professor ou a um monitor para que eles as corrijam. Combine de entregar duas redações por semana, durante quantas semanas achar necessário. Guarde as redações corrigidas e aprenda com os seus erros. A correção é uma parte importante do processo – você aprende com os erros, mas estes não afetam as suas notas. Cada redação não deve levar mais de duas horas para ser feita.

RESUMO

Planejar o seu tempo e organizar os seus estudos irá melhorar seu desempenho futuro. Revise o conteúdo toda semana e resolva exercícios. Isso trará bons resultados.

As dicas apresentadas se aplicam a todos os que estiverem tentando uma carreira pública, quer frequentando um curso preparatório para concursos ou apenas estudando com a ajuda de apostilas. Divida o seu tempo entre as matérias, faça os exercícios exaustivamente, procure na internet provas anteriores de concursos da carreira escolhida.

Parte 1 – Preparação para os exames

2. Motive-se!

Corpos parados tendem a permanecer parados. – Inércia

Será que o pânico é realmente necessário para me fazer agir? – estudante exercendo a inércia

Motivação. Você certamente já escutou essa palavra várias vezes e em diferentes situações. Se você acha que motivação tem a ver com ação, acertou. Aliás, a palavra vem do latim *moveo* – mover. Se o seu objetivo é estudar e passar em provas, a motivação, nesse caso, tem a ver com sentar na sua escrivaninha e mergulhar nos livros e anotações. A menos que você esteja estudando educação física, por exemplo, boa parte da ação ocorrerá na mente. Para ver a quantas anda a sua motivação em relação aos estudos, assinale as alternativas com as quais você se identifica.

Lista para checar a motivação.

( ) Não consigo sair da frente da TV ou do computador.
( ) O último lugar onde desejo estar é na minha escrivaninha.
( ) Fico sonhando acordado em vez de estudar.
( ) Não gosto nem de pensar em estudar.
( ) Eu me distraio muito facilmente, principalmente quando estou tentando estudar.
( ) Adoro passar horas ao telefone.
( ) Adio o início de projetos importantes até o último momento.
( ) Não vejo sentido em estudar tanto.
( ) Não consigo ficar quieto na minha escrivaninha.
( ) A única coisa que me faz estudar é o medo de uma reprovação.

Muitos de vocês irão assinalar vários desses itens. Caso tenha assinalado quase todas as afirmativas, você está precisando de ajuda para entrar em ação.

MÉTODOS DE MOTIVAÇÃO

Problemas de falta de motivação são muito comuns e representam um grande desafio. Sair do estado de letargia requer um autoconhecimento que poderá ser obtido com a ajuda de um orientador vocacional. Depois de se conhecer melhor, você estará pronto para agir. Mas o que ajuda a manter a motivação? Aí vão algumas sugestões.

MANTENHA UMA AGENDA COM METAS A CUMPRIR

Fazer um tique ao lado de tarefas cumpridas irá fazê-lo se sentir melhor e servirá de estímulo para as próximas tarefas. Lembre-se de escolher bem suas tarefas e siga os critérios abaixo.

- Seja específico ao definir as suas tarefas.
- Escolha tarefas mensuráveis para acompanhar o seu progresso.
- Estabeleça tarefas possíveis de serem atingidas.
- Certifique-se de que as tarefas sejam relevantes.
- Cronometre cada tarefa.

Estabelecer tarefas e vê-las cumpridas vai fazê-lo se sentir bem. Isso demonstra progresso e evolução. Permita que essa sensação positiva se espalhe pelas outras áreas da sua vida: relações familiares, estudo, trabalho, amigos, esportes, lazer, entre outras.

Inclua atividades prazerosas e prêmios especiais em seu planejamento

Não ter motivação não é nada agradável. Você sabe que deveria estar fazendo algo, qualquer coisa, mas o pessimismo e a depressão só aumentam. Como fazer para sair dessa situação desagradável? Não existem soluções mágicas para isso, mas você pode se sentir melhor se incluir algumas atividades prazerosas no seu planejamento diário.

E o que é uma atividade prazerosa ou um prêmio especial? A resposta varia de uma pessoa para outra, pois todos gostam de coisas diferentes. Quando estiver de bom humor, sente-se à sua escrivaninha e faça uma lista de atividades, comidas, lugares, pessoas e situações que o fazem se sentir bem. Psicólogos vêm utilizando uma lista de 320 itens há muitos anos. Alguns desses itens incluem dançar, tomar sol, andar de moto, ficar à toa pensando na vida, tomar uns drinques com os amigos, ver coisas boas acontecendo na vida dos familiares e amigos, ir a exposições, ir ao circo, ir ao zoológico ou parque de diversões, conversar sobre filosofia ou religião, planejar ou organizar algo, tomar um milk-shake.

A lista inclui atividades bem variadas. Algumas podem despertar o seu interesse, enquanto outras podem causar indiferença ou mesmo repulsa. Ela serve de estímulo para pessoas desmotivadas e tem o objetivo de ajudá-las a se levantar da cadeira e pôr mãos à obra – a melhor maneira de fazer isso é sugerindo atividades divertidas que as estimulem a se movimentar.

Faça a sua lista e programe pelo menos uma ou duas atividades prazerosas para cada dia. Só o fato de saber que uma atividade prazerosa o aguarda no fim do dia já é um estímulo a mais para sair da cama e enfrentar um dia árduo de estudos. Pense na diversão como uma espécie de prêmio por ter conseguido sobreviver ao dia de estudos. Se esse sistema de recompensa funcionar bem para você, programe algum evento divertido para a noite para que tenha três períodos potencialmente produtivos na maioria dos dias. As recompensas ocasionais tornarão a sua vida mais interessante.

Faça um cartão de visitas gigante

Fazer um cartão de visitas gigante parece exagero, mas é incrível como ele pode ajudar. Veja o que você pode fazer para experimentar os efeitos positivos do cartão.

Use um processador de textos (ou papel e caneta) para fazer um cartão de visitas que inclua seu nome, seus diplomas e as associações profissionais das quais faz parte. Depois, escreva o título profissional pelo qual deseja ser reconhecido. Você pode adicionar endereço, telefone, fax, celular e e-mail. Você também pode acrescentar "Consultas só com horário marcado", caso se aplique ao tipo de trabalho que gostaria de fazer. Em seguida, mande ampliar o cartão para o tamanho de um pôster em uma copiadora. Houve um estudante que colocou até o preço exorbitante que cobraria e que logo o tornaria milionário.

Dê uma olhada no modelo a seguir feito por um estudante do 2º ano de Medicina (nome fictício). O cartão de visitas foi pregado na parede, bem em frente à escrivaninha. Toda vez que olhava para a frente, ele via o pôster e se lembrava de seu objetivo. Em vez de ficar sonhando acordado, Robert continuava a estudar firme. Ele contou que olhar para aquele cartão de visitas com frequência manteve-o focado nos estudos, mesmo quando o cansaço e o tédio tentavam tirar a sua concentração. Procure fazer isso e veja se funciona para você.

Dr. Robert Q. Public
Bacharelado, Mestrado, Doutorado
Clínico geral

Suite 11 . 111 Macquarie Street – Sydney NSW 2000 – 02 1234 5678
Professional Suite 111 . Hospital Prince of Wales – 02 8765 4321
Celular: 088 999 777 – E-mail: r.public@xyz

ESTUDE EM DUPLA

Se você já praticou algum esporte com seriedade, provavelmente conhece as vantagens de treinar com alguém com energia e habilidades iguais ou ligeiramente superiores às suas. A maioria dos técnicos iria concordar que treinar em dupla realmente funciona – você e seu parceiro de treino fazem os exercícios juntos encorajando-se mutuamente, não deixando o ritmo cair. Se o seu parceiro decide correr 500 metros a mais e você já não aguenta mais de tanto cansaço, há grandes possibilidades de que você também decida correr esses 500 metros. Se você estivesse treinando sozinho, provavelmente seria levado pelo cansaço.

O mesmo princípio pode ser aplicado aos estudos. Mesmo que você não estude com um colega toda noite, vocês podem se reunir regularmente (uma ou duas vezes por semana) para estudar e revisar a matéria. Durante esses encontros, compare o progresso de ambos. Se o seu colega estiver trabalhando mais que você, é provável que você queira se esforçar mais para não ficar para trás.

Além de andar no mesmo ritmo, vocês podem compartilhar materiais e tarefas – retirar livros da biblioteca, providenciar fotocópias, trocar anotações de classe, etc., economizando tempo e dinheiro. O mais importante, porém, é o fato de poder conseguir melhores resultados.

FAÇA INTERVALOS DURANTE OS ESTUDOS

Os estudantes quase não descansam! Essa afirmação pode parecer fantástica, mas entenda que estou falando de intervalos breves e disciplinados de uns dois minutos três ou quatro vezes por hora.

Será que esses pequenos intervalos podem aumentar a sua motivação? Se aplicados regularmente, a sua motivação certamente irá aumentar. Ao descansar a mente de tempos em tempos, a sua concentração irá aumentar, o que o ajudará durante as provas. E melhor desempenho nas provas gera mais motivação ainda.

Se não lhe pareceu muito complicado, faça uma tentativa. Divida suas sessões de estudos em períodos mais curtos e faça intervalos regulares. Não telefone para o(a) namorado(a) durante esses intervalos, pois isso poderá causar frustração – você não vai apreciar muito a conversa e não conseguirá estudar com atenção depois da pausa.

O dinheiro como fator de motivação

O dinheiro tem sido usado por algumas famílias como um estímulo. Pagar para forçar a pessoa a estudar pode ser visto como uma forma de suborno – e realmente é. No entanto, para muitas pessoas, o método funciona.

Você precisará encontrar um patrocinador a quem possa mostrar seu progresso nos estudos. Geralmente, essa pessoa é um pai bondoso (ou desesperado), mas um parente, amigo da família ou uma alma caridosa e rica também serve. A sua missão será conseguir convencer a pessoa de que o investimento valerá a pena. Você terá que ser bem convincente, mas, se essa é a única maneira de você ficar motivado, não custa nada tentar.

Utilize notas autocolantes

Aqueles blocos de notas autocolantes são ideais para lembrá-lo de seus objetivos. Esses bloquinhos não são caros, e você pode pregar as notas em locais estratégicos – no espelho do banheiro, na maçaneta da porta do seu local de estudos, no volante do carro, no telefone e em diversos outros locais. São lembretes para você não se esquecer de suas tarefas. Faça.

A técnica 15 x 4

Essa técnica é provavelmente um dos mais eficazes motivadores para aqueles que enfrentam rotinas pesadas de estudos. Esse método não só irá motivá-lo como também irá aumentar o seu poder de concentração, tema a ser discutido no próximo capítulo. Veja como ela funciona.

Use um caderno para anotar as listas de tarefas a serem realizadas diariamente. Antes de dar início à sua sessão de estudos, anote com detalhes o que deseja fazer nos próximos quinze minutos. Em seguida, escreva a hora em que começou a tarefa. Após ter completado a sua primeira tarefa, marque a coluna OK com um tique e faça um intervalo de um minuto antes de partir para a próxima. Resumindo: anote a tarefa, realize-a, marque com um tique e faça um intervalo de um minuto.

ADRIAN – SEM MOTIVAÇÃO

Adrian estava no 1º ano de Engenharia Mecânica quando resolveu procurar a ajuda do orientador psicológico. Ele estava em dúvida se deveria dar prosseguimento ao curso. Havia sido um ótimo estudante no ensino médio, onde os professores costumavam passar muitos trabalhos de última hora e fazer testes com frequência. No entanto, na universidade, a situação era bem diferente. Lá, ele era totalmente responsável pelas suas ações. Por ter se saído bem no vestibular, ele estava se sentindo extremamente confiante em relação aos seus estudos no 1º semestre.

Contudo, sua confiança ficou abalada quando viu os primeiros resultados: notas abaixo da média em quase todas as matérias! Tinha consciência de que estava relaxando, mas nunca imaginou que seria reprovado.

Adrian decidiu que o 2º semestre seria diferente, caso contrário, estaria correndo risco de ser jubilado. Elaboramos um plano de estudos – mais horas diárias de estudos, revisões a cada semana e estudo antecipado para as provas. Ele anotava diariamente as tarefas em sua agenda e ticava cada tarefa cumprida. Além disso, passou a estudar com Paul, outro calouro de engenharia, que havia tirado boas notas no 1º semestre. Eles se reuniam várias vezes por semana para avaliar o progresso de ambos – certa vez, encontraram-se na hora do almoço para fazer uma revisão. Recomendei a Adrian que também planejasse suas horas de lazer, a fim de levar uma vida mais equilibrada.

No fim do 2º semestre, a situação era totalmente diferente. O desempenho de Adrian foi bom durante todo o semestre, e ele ficou entre os melhores da classe. Agora que já conhecia bem o sistema da faculdade e sabia se organizar melhor, estava convencido de que poderia ter desempenho ainda melhor no ano seguinte. Resumindo, ele adquiriu mais confiança em si mesmo e em sua capacidade.

O que se viu foi uma orientação de energia e uma normatização de atitudes. Ou seja: organizou-se um esquema que, adaptado ao alvo visado e relacionado ao perfil do candidato, permitiu que bons resultados ocorressem. Essa atitude vale para absolutamente toda e qualquer situação de avaliação. É, sem dúvida, vital na consecução dos objetivos de quem se submete a concursos diversos, já que confiança e organização são sempre ferramentas poderosas para o sucesso.

PROVAS

Da mesma maneira que você pode aumentar a confiança ao escrever, você também pode ganhar mais confiança em relação às provas. Treine resolvendo exames simulados ou juntando um grupo de alunos para que vocês se testem mutuamente. Ao fazer os simulados que devem obedecer o mesmo tempo de um exame comum, você estará revisando a matéria, aprendendo a controlar o tempo de prova e melhorando a sua escrita (uma letra legível pode ser apenas um detalhe insignificante para você, mas é importante para quem corrige). Quanto mais simulados você puder fazer, melhor será o seu desempenho durante as provas.

RESUMO

Manter-se motivado é muito importante, principalmente para passar nas provas. Planeje o seu cronograma de estudos em uma agenda, utilize a técnica 15 x 4 e estude com um colega. A prática constante do processo de tomar notas, de redigir e de resolver simulados irá aumentar a sua motivação.

3. Melhore a sua concentração

Esteja certo, senhor, de que nada deixa a mente de um homem mais concentrada do que saber que morrerá na forca em duas semanas. – Samuel Johnson, 1777

A concentração é uma habilidade como andar de bicicleta, patinar no gelo, andar de patins e dirigir. A maioria das pessoas pode melhorar o poder de concentração, mas treino e prática constantes são indispensáveis. Você precisará de instruções sobre como proceder e, em seguida, de muito treino. Só depois disso é que poderá dizer com segurança: "Meu poder de concentração é forte!"

Antes de começar o treino, assinale as afirmativas a seguir, a fim de identificar os seus pontos fracos e fortes (não faz sentido treinar aquilo que você já domina bem – você pode aproveitar melhor o seu tempo indo para outros capítulos deste livro!).

Lista para checar a concentração

( ) Costumo me sentir cansado quando sento para estudar.
( ) Tem barulho demais no meu ambiente de estudo.
( ) Tenho o costume de estudar com o rádio ligado.
( ) Não me interesso por muitas matérias que tenho de estudar.
( ) Não sei se quero mesmo cursar as matérias nas quais estou matriculado.
( ) Costumo ficar deprimido quando tenho de estudar.
( ) Não tenho ideia do que vou fazer quando terminar o curso.
( ) Sinto vontade de assistir à TV quando estou na escrivaninha.
( ) Minha vida está cheia de problemas atualmente.
( ) Eu preferia estar lá fora me divertindo e não aqui dentro, estudando.

Quantas afirmativas você assinalou? Caso tenha marcado mais de cinco, procure um orientador psicológico experiente em assuntos educacionais para analisar a sua situação. A concentração é um processo mental complexo e, para ter um bom rendimento, você terá que se livrar de tudo aquilo que atrapalha a sua concentração. Caso tenha marcado três afirmativas ou menos, passe para outro capítulo e leia temas mais cruciais para você.

Antes de irmos aos pontos básicos, vejamos o caso de David, que veio até mim devido a problemas de concentração.

DAVID – COM POTENCIAL, MAS DISTRAÍDO

David fez um teste de aptidão acadêmica no antepenúltimo ano do ensino médio, e os resultados mostraram que ele tinha um excelente potencial para obter êxito na escola e na universidade. No entanto, seus resultados nos últimos dois anos não foram bons, mas, mesmo assim, conseguiu ingressar em uma boa universidade.

Nesses dois últimos anos, os pais perceberam que ele estava sempre distraído e distante. Os professores comentaram que ele não acompanhava os debates realizados nas aulas e que parecia constantemente perdido. A situação só mostrou ser crítica quando David participou de um importante jogo de futebol e, de repente, correu com a bola para o lado errado e marcou um gol para o time adversário. Inicialmente, o técnico ficou furioso, mas depois ficou intrigado. Seus professores não ficaram surpresos com o ocorrido e concordaram com o fato de que David precisava de ajuda especializada. Ele foi enviado a mim para que eu o ajudasse a se concentrar – não importa em que atividade.

David relatou que costumava "viajar" na sala de aula e, às vezes, no campo de futebol. Ele era um rapaz criativo e tinha inclinações artísticas e me contou que se distraía facilmente com pensamentos e impulsos passageiros. Como ele participava dos treinos de futebol e outros esportes, achei que seria bom começar de um ponto conhecido e depois partir para outras áreas. Com a ajuda dos técnicos, David ficou atento aos lapsos de concentração no campo de futebol e nos intervalos dos jogos, na sala de reuniões do treinador. O técnico também o observava atentamente, checando se ele estava seguindo as instruções.

No fim da primeira semana de observação, David se mostrou surpreso ao constatar o número de vezes em que perdera a concentração. Em vez de penalizá-lo pelas distrações, o técnico elogiou os momentos em que ele estivera focado. Assim, David foi melhorando gradualmente – seria bom se eu pudesse dizer que ele melhorou instantaneamente, mas esse não foi o caso.

Na sala de aula, um dos exercícios que ajudaram David a acompanhar os debates foram as questões que ele formulava para si mesmo. Pedi a David que se perguntasse frequentemente: "Aonde o professor quer chegar com esse assunto? Que relação ele tem com o tema discutido anteriormente?" Essas questões ajudaram David a ficar concentrado e a manter os assuntos discutidos em sua mente. Também pedi a ele que tomasse notas detalhadas para poder monitorar os tópicos mental e mecanicamente. Esse método pareceu funcionar.

David concluiu com êxito o curso de engenharia. Ele sabia que distrair-se enquanto tentava resolver um problema complicado de engenharia só iria levá-lo ao fracasso. O que se pode extrair daqui para as situações de concursos é a necessidade de estar focado. Focado em absolutamente tudo. E esse foco está vinculado ao grau de motivação que o candidato tem. Um dos fatores que levam à consciência de que se deve ter altíssimo grau de concentração é o chamado "isso pode ser importante e decisivo para minha aprovação". O grau de importância de cada conteúdo deve ser, para o candidato consciente, absolutamente igual. Ou seja, TUDO É IMPORTANTE. TUDO DEVE SER APRENDIDO E APREENDIDO. TUDO DEVE SER ASSIMILADO. Tendo isso em mente, o candidato não corre o risco de deparar com uma questão insolúvel porque, ao estudar aquele determinado conteúdo, considerou o tópico de pouca importância. Na maioria dos concursos, um ponto pode ser a diferença para conseguir essa tal APROVAÇÃO.

TREINAMENTO BÁSICO PARA MELHORAR A CONCENTRAÇÃO

Existem três situações importantes nas quais a concentração é fundamental: na sala de aula, em casa ao fazer os exercícios e durante as provas. Você pode melhorar a sua concentração em cada uma dessas situações por meio dos seguintes procedimentos.

NA SALA DE AULA

A maioria dos estudantes reconhece que costuma perder a concentração durante os debates em classe. A perda de concentração pode ser causada por vários fatores, como cansaço, tédio e falta de interesse, só para citar alguns. Vale lembrar que muitas experiências na vida não serão fascinantes e divertidas. Você terá de lidar com muitos fatos importantes, e talvez até entediantes, que exigirão concentração. Mas como vencer o tédio?

Aquecimento mental

Da mesma forma que os atletas fazem aquecimento físico antes de uma partida ou de um treino, os estudantes também deveriam se aquecer. A mente é uma espécie de músculo. Você precisa mantê-lo em forma e aquecê-lo antes de começar uma atividade desgastante – e concentrar-se é uma atividade que exige bastante. O aquecimento mental não é uma atividade complicada – ele não leva mais que cinco minutos. Um exercício recomendado é "passar o olho" em suas anotações: identifique os pontos principais, dedique atenção especial aos diagramas e gráficos e se certifique de ter uma ideia geral do que foi falado. Outro aquecimento para ser feito antes da aula é dar uma olhada no capítulo que será estudado no dia. Identifique os pontos principais – dê atenção especial aos títulos e subtítulos e às palavras que aparecem em negrito. Ao fazer isso, você estará preparando a sua mente e, depois do aquecimento, estará pronto para assistir à aula. Você ganhará mais confiança na sua capacidade, ficará mais atento e conseguirá reter melhor as informações.

Questões elaboradas por você e para você

É possível perder a concentração mesmo quando se está ouvindo o professor e fazendo anotações. Caso isso ocorra, tente a seguinte estratégia – faça perguntas a si mesmo. O objetivo aqui não é fazer interrogatório. As perguntas servem para você prestar atenção naquilo que o professor está falando. "Qual é o significado desse termo? Como ele está associado ao assunto que acabou de ser discutido? Aonde o professor quer chegar com isso?" Perguntas como essas irão ajudá-lo a manter o seu interesse e concentração.

Intervalos curtos

Manter a concentração não é uma tarefa fácil. Portanto, não importa se você está na sala de aula ou em casa, é importante fazer intervalos regulares para manter a mente descansada. Concentrar-se nos estudos é bem diferente de fazer exercícios físicos. Você não terá gotas de suor escorrendo na testa nem sentirá dores musculares. No entanto, você se sentirá cansado e, quando isso ocorrer, faça um breve intervalo. Levante-se, respire fundo, alongue os braços e estique as pernas. Depois, volte ao trabalho. Esses pequenos intervalos o ajudarão a recarregar as energias e o manterão focado.

FAZENDO A LIÇÃO DE CASA

O estudante responsável passará várias horas estudando em casa durante os dias da semana e mais horas durante os fins de semana, fazendo trabalhos e revisões para as provas. Há algumas estratégias que ajudam a melhorar a concentração em casa.

Técnica de leitura

A leitura irá representar grande parte de seu trabalho e perder a concentração irá prejudicá-lo. Existe uma técnica de leitura que irá ajudá-lo a manter um alto nível de concentração.

Essa técnica consiste nas seguintes etapas: Examinar, Perguntar, Ler, Repetir em voz alta e Revisar. Vamos a cada uma delas.

Examinar. É exatamente isso o que você vai fazer nesta primeira etapa – você vai dar uma olhada no capítulo antes de começar a ler atentamente. Folheie o capítulo e preste atenção nos títulos e subtítulos, diagramas e gráficos, palavras em negrito e itálico. Essas são as partes do capítulo que os editores quiseram destacar e fazer com que você perceba de imediato, além de indicarem qual vai ser o tema da leitura.

Perguntar. Enquanto examina o capítulo, faça perguntas a si mesmo sobre o conteúdo. Qual o significado de tal termo? Como esse termo está relacionado com o capítulo anterior? Essas perguntas irão ajudá-lo a despertar interesse no material a ser lido e também a estabelecer algumas metas mentais a serem atingidas durante a leitura. Você irá ler para responder às suas perguntas.

Ler. Nessa etapa, você começa do início e continua até o fim, parágrafo por parágrafo, a não ser que não tenha tempo suficiente para ler tudo e tenha que "ler por cima". À medida que for lendo, tente responder às questões previamente formuladas. Sua mente já estará aquecida, graças às etapas anteriores, examinar e perguntar, o que facilitará a sua concentração.

Repetir em voz alta. Depois que terminar de ler três ou quatro parágrafos, faça uma breve pausa e repita em voz alta os pontos principais do que acabou de ler. Repita esse processo e se certifique de que está conseguindo se concentrar e reter os pontos mais importantes.

Revisar. Após a leitura do capítulo, reveja os pontos principais antes de terminar a seção de estudo. Torne a revisar esses pontos novamente nas próximas vinte e quatro horas, pois a repetição é um excelente professor.

Revisão para as provas

Ao se preparar para as provas, leia, escreva e reveja a matéria. Leia as anotações ou os textos dos livros e então escreva apenas resumos breves que enfoquem os termos e conceitos mais importantes. Não escreva textos longos, pois escrever exige muito tempo. O propósito dessa atividade é pôr em prática o que você aprendeu e utilizar uma parte diferente de seu cérebro. Você poderá utilizar essas anotações futuramente para fazer revisões da matéria.

NAS PROVAS

Manter a concentração durante a prova é fundamental, já que sem ela suas notas serão prejudicadas. Leve sempre canetas de cores diferentes para as provas. Ao ler as questões, principalmente as mais complicadas que envolvam interpretação de texto, sublinhe com caneta azul ou preta as palavras-chave da questão. Em seguida, releia a pergunta e sublinhe os termos que indicam o que você deve fazer, por exemplo: "dê a sua opinião", "compare e contraste" e "descreva o desenvolvimento de". Após ter lido as questões duas vezes e sublinhado as palavras-chave, é muito mais provável que você tenha se concentrado nos temas principais a serem tratados.

DICAS PARA AUMENTAR A SUA CONCENTRAÇÃO

- Comece as sessões de estudos com pequenas atividades de aquecimento, para só depois partir para atividades mais complexas.
- Sempre estude de acordo com metas preestabelecidas.
- Faça anotações curtas para gravar seu conhecimento.
- Se perder a concentração, faça um breve intervalo: levante-se, faça alongamento, respire fundo três vezes e volte ao trabalho.
- Se o nível de concentração estiver muito baixo, pratique ouvindo o noticiário da noite e fazendo anotações.
- Na sala de aula, tente se sentar na frente – assim, as distrações ficarão atrás de você.
- Enquanto estiver lendo ou escutando o professor na sala de aula, faça perguntas a si mesmo sobre o tema.
- Fique atento a possíveis questões de prova durante as aulas.
- Estude em grupo a matéria na qual sente mais dificuldade – aprenda e tire dúvidas com os seus colegas.
- Em casa, vista-se com uma roupa confortável ou adote um "uniforme" para estudar.
- Elimine o máximo de distrações possível, enquanto estiver estudando.
- Durante as provas, faça intervalos curtos e regulares.
- Dê um "presente" a si mesmo, quando tiver terminado de estudar com bom nível de concentração.

RESUMO

Concentrar-se adequadamente não é uma tarefa fácil, mas alguns exercícios de aquecimento mental antes das aulas e das suas sessões de estudo irão aumentar o seu rendimento. Siga todas as etapas da técnica de leitura apresentada neste capítulo. Sublinhar e destacar os pontos-chave também é importante para não perder o foco.

4. Administre o seu tempo

Tenho tempo de sobra! Minhas provas só começam daqui a dois dias. – aluno reprovado

O tempo é uma convenção importante. Todos nós dependemos dele. Temos que ficar atentos a horários e cronogramas de atividades para não haver atraso nos compromissos. No entanto, conseguir chegar a tempo, não desperdiçar tempo e economizar tempo são três grandes desafios que a maioria dos estudantes gostaria de poder vencer. A fim de verificar a sua habilidade de gerenciar bem o tempo, assinale as afirmativas com as quais você se identifica.

Lista para verificar sua administração do tempo

( ) Eu estou sempre atrasado para as aulas.
( ) Quase nunca entrego os meus trabalhos em dia.
( ) Estudo de maneira desorganizada.
( ) A minha indecisão me faz perder muito tempo.
( ) Meus amigos estão sempre interrompendo os meus estudos e fazendo com que eu perca tempo.
( ) Meus professores estão cansados de me dar prazos maiores para a entrega dos meus trabalhos.
( ) Não consigo sair de frente da televisão.
( ) Fico enrolando para começar os meus trabalhos.
( ) Perco muito tempo arrumando a papelada da minha mesa antes de começar a estudar.
( ) Finalizar tarefas é algo difícil para mim – sou perfeccionista.

Quantas afirmativas você marcou? A maior parte das pessoas certamente marcaria a maioria dos itens, já que administrar o tempo é um desafio para quase todas elas. No entanto, caso você tenha assinalado cinco itens ou mais, precisa aprender a controlar melhor o seu tempo. A importância de aprender a controlar melhor o tempo pode ser observada no caso de Martina, uma estudante do 1º ano de Inglês.

MARTINA – SEMPRE ATRASADA

Martina era a mais velha de três filhos e a primeira da família a ingressar na universidade. Seus pais não a pressionavam diretamente para que estudasse, mas não eram raras as discussões causadas por sua negligência em relação aos deveres de casa, aos trabalhos e às provas.

"Meus pais estão sempre me lembrando de que eu tenho trabalho para fazer", reclamava Martina com frequência.

Nos primeiros anos do ensino médio, Martina era bastante responsável e procurava sempre terminar as lições de casa antes da hora do jantar. No entanto, nos últimos anos, começou a acompanhar algumas novelas populares na TV e deixou os estudos de lado. Mesmo assim, como era muito inteligente, conseguiu se sair bem até o penúltimo ano. A pressão exercida pelos pais e, principalmente, pelos professores, finalmente a convenceu de que estudar na frente da TV era perda de tempo e que era necessário começar a levar os estudos a sério. Ela se recolheu ao quarto e passava horas lendo, fazendo revisões e trabalhos e estudando para as provas.

Martina começou a estudar com cartões no ônibus e no metrô. Enquanto levava o cachorro para passear, escutava as fitas dos livros que estava lendo, para memorizar os personagens e o enredo. Uma ótima maneira que ela arranjou de ganhar tempo foi limitando as suas conversas telefônicas para vinte minutos a cada fim de tarde.

Após aprender a gerenciar melhor o seu tempo no último ano do ensino médio, Martina estava excessivamente confiante e segura para enfrentar o curso superior. Mas bastaram algumas semanas para que percebesse que a universidade era muito mais difícil e exigia muito mais do que a escola. Ela, porém, foi esperta o bastante para procurar ajuda no departamento de orientação psicológica antes que fosse tarde demais.

Pelas conversas que teve com o orientador, Martina descobriu que muitas técnicas de administração de tempo que aplicara no ensino médio poderiam ser aplicadas também na universidade. Mas ela queria, além de estudar, conhecer os seus colegas. E as reuniões no bar ou no café da universidade costumavam durar bastante tempo. Ela se conscientizou de que teria que ter mais disciplina e saber como aproveitar melhor o tempo livre. Então, passou a se encontrar com os amigos na hora do almoço, mas o resto do tempo livre que tinha na universidade era aproveitado para estudar na biblioteca.

Com tamanha disciplina, Martina conseguiu terminar o primeiro ano com notas exemplares. Se não tivesse mudado a sua rotina, as suas notas não teriam sido tão boas como foram.

Como se viu, gerenciar o tempo é uma arte com segredos e armadilhas. Para evitar as armadilhas que as rotineiras vinte e quatro horas podem trazer, já que são, de fato, apenas vinte e quatro horas, o primeiro passo que um candidato a concursos deve dar é organizar uma rotina diária POSSÍVEL, inserindo o dado ESTUDO como prioritário. Fazer escolhas durante o período de preparação para concursos é fundamental e deve ocorrer antes e durante esse período de estudo. Tempo livre será luxo, com certeza. Talvez até mesmo inexistente, pelo menos provisoriamente. Até a aprovação. Isso não quer dizer que não haverá descanso ou relaxamento. Descansar e relaxar preparam o candidato para os próximos passos e fornecem a energia necessária para a continuação da caminhada. Todas as horas do dia, todos os dias da semana, todas as semanas do mês devem ser organizados numa rotina. O foco dessa rotina: provas. O sucesso em todas elas.

REDUZA O DESPERDÍCIO DE TEMPO

Quanto tempo você acha que desperdiça todo dia? Eu fiz essa pergunta para 200 estudantes, e eles não foram capazes de me dar uma resposta precisa. Em vez de tentarem calcular, pedi que participassem de um estudo sobre o tema. Por duas semanas, eles registraram os momentos e os locais em que sentiram que haviam desperdiçado tempo. Você é capaz de imaginar qual foi a média de tempo perdido por dia? Sessenta e quatro minutos – não é um resultado tão alto assim, mas, se for multiplicado pelos dias da semana, do mês e do ano, chega-se a um total bastante elevado:

Tempo médio desperdiçado	
1 semana	7,5 horas
1 mês	32 horas
1 ano	384 horas

Para a maioria dos estudantes, o valor total de 384 horas desperdiçadas por ano é assustador, principalmente quando esse tempo poderia ter sido mais bem utilizado nas últimas semanas do semestre ou do ano. A melhor maneira de lidar com o desperdício de tempo é a prevenção. Tente aproveitar cada dia da maneira mais eficiente possível. Uma forma de conseguir isso é ter consciência de como e onde o problema está ocorrendo.

Registro de tempo desperdiçado

Fazer uma estimativa do tempo que você está desperdiçando pode ser bem simples. Carregue um caderninho de anotações e anote os elementos abaixo sempre que você perceber que está desperdiçando tempo.

REGISTRO DE TEMPO DESPERDIÇADO
- Quando:
- Onde:
- Com quem:
- Por quê?
- Total de tempo desperdiçado:

Quase todos os itens desse registro permitem respostas diretas, exceto o campo "Por quê?" Você terá que analisar a fundo os seus hábitos arraigados para responder a essa questão. Por exemplo, por que você não foi capaz de dizer a Helen: "Não posso falar agora. Tenho que terminar um trabalho." ou "Tom, vamos deixar para começar o projeto amanhã, depois que tivermos lido o texto?"

Muitas das causas de seu desperdício de tempo podem estar relacionadas a questões pessoais, como dificuldade de se impor diante dos outros ou de adotar uma disciplina pessoal mais rígida. Essas são habilidades muito importantes que devem ser aperfeiçoadas, se você achar necessário. Nesse caso, procure um profissional e discuta como pode melhorar e poupar muito tempo.

FONTES DE DESPERDÍCIO DE TEMPO

Visto que o tempo é o principal inimigo da maioria dos estudantes – muita coisa para fazer e tão pouco tempo! – agora você já sabe que deve eliminar tudo aquilo que o faz perder tempo.

"Mas por onde eu começo?", muitos vão perguntar.

Estudos realizados com universitários determinaram os principais fatores que fazem com que os estudantes percam tempo.

Televisão

Muitos de vocês poderão argumentar que, se não assistirem à TV pelo menos duas horas por dia, sofrerão de crise de abstinência. Assistir à televisão pode parecer indispensável, mas não é. Se você realmente quiser levar os seus estudos a sério, livre-se do seu aparelho de televisão. No entanto, se você mora com outras pessoas, eliminar a televisão deixará todas com raiva de você. Em vez de recorrer a essa solução drástica, que outras atitudes você pode tomar para controlar o seu tempo em frente à TV?

∽ Seja seletivo. Assista aos seus programas favoritos. Não fique zapeando. Assista após estudar.

∽ Levante-se de vez em quando. Levantar-se exige mais esforço do que ficar sentado confortavelmente na poltrona. Assistir à TV pode se tornar confortável demais, a ponto de você não querer mais sair do sofá. Entretanto, se você se levantar periodicamente, evitará a problema.

∽ Faça duas coisas ao mesmo tempo. Assistir à TV não é uma atividade que exige muita concentração. Faça alongamento ou outro tipo de exercício, folheie uma revista, faça alguma atividade manual, organize alguns documentos, escreva para os amigos, fale ao telefone.

∽ Utilize o alarme. Se você for fraco (e quase todos somos), ajuste-o para tocar na hora em que o programa terminar. Quando o alarme soar, é hora de desligar a TV e voltar aos livros.

∽ Coloque o aparelho de TV em um lugar não muito agradável. Assistir à TV na garagem, por exemplo, onde o cheiro de óleo pode atrapalhar a sua diversão. Os outros membros da família podem reclamar, mas é certo que você passará menos tempo diante do aparelho.

∽ Grave seus programas preferidos e veja-os numa hora mais conveniente.

A televisão pode representar um problema sério, mas seja forte e persistente. Você pode vencer essa batalha e vai obter melhores notas, se estudar mais e assistir menos à TV.

Telefone

Assim como alguns estudantes sentem necessidade de passar duas ou três horas por dia na frente da TV, outros sentem a mesma necessidade em relação ao telefone. Ao contrário do que se pode pensar, é possível passar vinte e quatro horas sem falar ao telefone, a não ser que haja alguma emergência.

Ultimamente, com o advento do celular, ficou mais difícil administrar a situação, já que muitos estudantes possuem um. Não há dúvida de que os celulares são convenientes, mas não são indispensáveis. Se você possui um aparelho, procure não abusar, pois, afinal de contas, é caro, e conversas desnecessárias roubam valioso tempo de estudo. Veja como você pode controlar melhor o seu tempo ao telefone.

◦ Reserve um período à tarde para usar o telefone. Em vez de interromper os seus estudos, reserve vinte minutos para fazer as suas ligações. Estabeleça um tempo de duração para cada ligação. Avise a pessoa do outro lado da linha até que horas você pode ficar ao telefone e respeite o horário estabelecido. "Eu tenho que ir agora" é uma frase perfeitamente aceitável para que um estudante ocupado termine uma conversa.

◦ Use o alarme para avisá-lo que o tempo reservado ao telefone acabou.

◦ Peça às pessoas que ligam para você com frequência para que liguem em um determinado horário.

◦ Ligue a secretária eletrônica quando estiver estudando ou peça para alguém da casa anotar os recados.

◦ Procure deixar o telefone no modo silencioso.

Tempo de espera

◦ Carregue o material de estudo com você (cartões, anotações, livros) e aproveite os momentos de espera para estudar.

◦ Evite as longas horas de espera em consultórios médicos e dentários. Ligue com antecedência para verificar se estão no horário.

◦ Grave o conteúdo das suas anotações em fita e escute as gravações enquanto espera, caminha, toma banho ou faz qualquer outra atividade mecânica.

◦ Adapte seu material de estudo para suportar vento e chuva – pastas de plástico, capas duras, etc.

Tempo de locomoção

Muitas pessoas moram longe do local das aulas e precisam passar várias horas por dia nos meios de transporte. Tente aproveitar o tempo de viagem para estudar durante pelo menos dois terços do percurso. Será difícil se concentrar no trajeto, mas, depois de adquirir prática, poderá fazer revisão de anotações, fitas ou cartões em praticamente qualquer lugar – até em pé nos ônibus e no metrô.

◦ Você pode estudar em ônibus e metrôs. Planeje com antecedência e leve cartões, fitas e anotações para revisar durante o trajeto.

◦ Quando estiver dirigindo, escute fitas para fazer revisões. Assimile um conceito a cada sinal vermelho.

∾ Quando estiver caminhando, faça a revisão de um conceito sempre que você parar na calçada para esperar o sinal de pedestres abrir.

∾ Caso você faça o percurso com colegas, aproveite o tempo para discutir a matéria dada em sala de aula.

Visitas inoportunas

∾ Mantenha a sua porta fechada (ou mesmo trancada), enquanto estiver estudando.

∾ Pendure um aviso de "Não perturbe" na maçaneta da porta.

∾ Não deixe uma cadeira perto de sua escrivaninha. É um convite para que a pessoa se sente e não se levante tão cedo de lá.

∾ Se alguém entrar em seu quarto, não deixe que se sente. Diga que você está ocupado e marque outra hora para se encontrarem.

∾ Se for preciso, levante-se e vá conversar com a pessoa no corredor. Você possui um controle maior de seu tempo quando está de pé, uma vez que a conversa em pé demora menos.

∾ Se for o caso, simplesmente diga para a pessoa que você não pode conversar naquele momento e a acompanhe até a porta. Caso se sinta culpado por tê-la expulsado, combine de se encontrar com ela em outra ocasião mais oportuna.

DIZENDO NÃO!

Você deve ter percebido pela seção anterior que ser assertivo é muito importante para ganhar tempo de estudo. Muitos estudantes têm receio de dizer "não" para as pessoas, pois acham que assim serão menos amados e respeitados. Muito pelo contrário. As pessoas respeitam aquelas que sabem fazer bom uso de seu tempo.

Se você sai de um encontro dizendo "sim" quando, na verdade, queria dizer "não", é muito provável que sinta raiva de si mesmo. A vida é curta demais para estar constantemente zangado: é melhor fazer algo a respeito.

Você pode aprender a dizer "não" praticando na privacidade de seu banheiro. Olhe no espelho e imagine a pessoa para quem você quer dizer "não". Pratique dizer essa palavra curta, mas importante, várias vezes e de diferentes maneiras, até soar natural. Esse exercício pode parecer bobo e deixá-lo constrangido, mas funciona.

MARAVILHAS ELETRÔNICAS

Antes de encerrar este capítulo sobre administração do tempo, não se pode deixar de destacar as maravilhas eletrônicas que facilitam a vida do estudante: computadores pessoais (PCs), correio eletrônico (e-mail) e internet.

Computadores pessoais

Os PCs revolucionaram a vida dos estudantes. Eles podem ser usados para digitar trabalhos, fazer cálculos, manter uma agenda e uma série de outras atividades que costumavam consumir muito tempo. Hoje, todo estudante deveria saber lidar com um computador e utilizar os programas básicos, principalmente o processador de textos. Quase todo empregador que for analisar o seu currículo irá conferir se você possui conhecimentos básicos de informática.

Os laptops tornaram possível o estudo no câmpus, na escola, em casa e em qualquer outro lugar. Como já foi visto, estudar consiste em atividades como redigir monografias, passar anotações a limpo, resolver problemas, etc. Os laptops ainda são muito caros para grande parte dos estudantes, mas os preços vêm caindo cada vez mais. Se você está pensando em comprar um computador, considere a possibilidade de adquirir um laptop. Assim, terá a vantagem de poder levá-lo para onde quiser. Mas tenha cuidado: os laptops são muito visados por ladrões. Portanto, dê atenção especial à segurança. Como precaução, grave seu nome e RG em alguma parte visível do computador. Isso poderá inibir o roubo – ou, pelo menos, poderá servir de ajuda para reaver o seu laptop.

E-mail e internet

O correio eletrônico, ou e-mail, e a internet são, provavelmente, dois dos melhores meios de comunicação já inventados. As mensagens são transmitidas por cabos (podem ocorrer alguns atrasos) e podem conectar pessoas ao redor do mundo, sem precisar de papel ou selo. Depois de arranjar um computador, um modem e um provedor de e-mail, você só precisa saber qual é o endereço de e-mail do seu destinatário.

O e-mail promove o acesso fácil a qualquer pessoa de qualquer lugar do mundo. Você pode entrar em contato com os seus professores para tirar dúvidas, discutir projetos ou outros problemas acadêmicos. A maioria dos professores encara o e-mail como um meio eficiente de manter contato com os alunos. Se você ainda não sabe utilizar o e-mail, corra para aprender. E verá como ele vai mudar a sua vida.

A internet pode ajudá-lo a coletar informações sem precisar sair de casa. Você pode fazer pesquisas em bibliotecas virtuais e obter informações de várias fontes diferentes, mas tenha cuidado para não passar tempo demais "navegando na net", como se costuma dizer.

RESUMO

O tempo é o principal inimigo, principalmente quando você tem vários trabalhos para entregar e precisa estudar para muitas provas. Tente não desperdiçar tempo e aproveite todas as oportunidades para estudar – utilize cartões, escute gravações e controle o seu tempo ao telefone e em frente à TV. Use PC, e-mail e internet, a fim de tornar o seu estudo mais eficiente.

5. Melhore a sua memória

Eu havia me preparado bem para a prova, mas esqueci o dia do exame. Cheguei na hora, mas com um dia de atraso! – estudante com grave problema de memória

A boa memória é fundamental na vida de qualquer estudante. As palavras mais sábias ditas em sala de aula, as frases mais bonitas escritas em livros e os melhores conselhos dados pelos professores de nada valem se forem esquecidos. Sim, todos nós gostaríamos de ter uma memória melhor, mas a verdade é que, para isso, é preciso se esforçar muito.

Paul, um grande amigo meu que se formou na Universidade de Cambridge, possui uma ótima memória. Recentemente, foi convidado para representar a nossa equipe em uma gincana cultural da comunidade. Depois de levá-la a uma vitória espetacular pelo segundo ano consecutivo (tínhamos vencido no ano anterior também, para tristeza dos adversários), alguém da mesa vizinha perguntou a ele: "Como você consegue se lembrar de tanta coisa?" Depois de pensar bastante, Paul respondeu: "Eu tenho grande dificuldade para esquecer as coisas." Não seria bom se todos nós tivéssemos a mesma dificuldade de Paul?

O fato é que Paul passa bastante tempo lendo, estudando, escrevendo, pesquisando e se lembrando de fatos. Mesmo que você tenha uma mente muito atenta e ativa, como a de Paul, a boa memória requer bastante treino. Para os pobres mortais que não têm uma mente fora do comum, uma boa memória exige muito, mas muito treino mesmo.

Vejamos como você pode melhorar a sua memória. Talvez a primeira coisa que você deva se perguntar é: "A quantas anda a minha memória?" Assinale as afirmativas com as quais você se identifica, a fim de verificar quais são as suas dificuldades.

Lista de verificação de memória

( ) Costumo esquecer o que acabei de ler nas duas últimas páginas.
( ) Se não fosse pelas anotações que faço em sala de aula, teria dificuldades em me lembrar do conteúdo dado.
( ) Estou sempre sonhando acordado, principalmente em aulas monótonas.
( ) Quando começo a revisar a matéria para as provas, fico desanimado ao ver que só consigo reter pouca coisa.
( ) Costumo esquecer os nomes das pessoas, e isso me deixa sem graça.
( ) Mesmo fazendo resumos do que leio, sinto dificuldades em me lembrar dos pontos principais.
( ) Costumo ler as minhas anotações três vezes antes das provas, mas não adianta muito: os conceitos continuam confusos para mim.
( ) Estudar matérias monótonas bloqueia a minha memória.
( ) A ansiedade que sinto antes das provas atrapalha a minha memória.
( ) Costumo ler os meus livros rápido demais, o que dificulta a assimilação do conteúdo.

Muitos de vocês devem ter marcado várias afirmativas. Caso tenha marcado mais de seis ou sete, você precisa ler este capítulo – e pôr em prática algumas técnicas para melhorar a sua memória. Se você marcou três ou menos, o seu tempo será mais bem aproveitado fazendo a leitura de outro capítulo que tenha mais importância para você – sua memória está boa.

LARRY E MERCINDA
FRUSTRAÇÃO POR DIFERENÇAS INDIVIDUAIS

Larry e Mercinda eram estudantes de Medicina. Ambos tinham boa memória, mas existiam algumas diferenças entre os dois.

Larry era inteligente e bastante capaz. Antes das provas, ele dava uma lida rápida em suas anotações, aparentemente sem grande esforço para ir bem. Mercinda, por outro lado, frequentava todas as aulas, fazia anotações detalhadas, lia várias vezes os textos dos livros e as suas anotações e, com certa dificuldade, conseguia passar nas provas. Ao receber a nota de uma prova, Mercinda pareceu um tanto frustrada. Ela perguntou a Larry, que parecia tranquilo em relação ao seu resultado, o que ele fazia para memorizar o conteúdo. Larry respondeu que prestava atenção às aulas e fazia associações mentais. Às vezes, ele inventava rimas e músicas (ele era muito ligado à música). Ele também costumava criar mapas mentais, fazendo desenhos e coisas do tipo com as informações recebidas.

Mercinda ficou fascinada com a resposta de Larry. Ela nunca havia pensado em criar rimas, músicas ou mapas mentais para as fórmulas de bioquímica ou as anotações de fisiologia. Após ter descoberto o "segredo" de Larry, tentou aplicar a teoria na prática. As suas primeiras tentativas só geraram mais frustração ainda, pois ela achava que não era criativa o bastante. Larry concordou em ajudar Mercinda a desenvolver algumas técnicas para usar a criatividade. Ele pediu que ela pensasse em algo que quisesse memorizar e que tentasse achar rimas, imaginar desenhos ou que fizesse algumas transformações e alterações. Isso era novidade para Mercinda, mas ela concordou em tentar aplicar essas técnicas durante o mês seguinte.

No decorrer daquele mês, Mercinda e Larry se encontravam no café para trocar experiências. Como era de se esperar, Larry fazia criações surpreendentes, ao passo que Mercinda sofria para criar apenas algumas. No entanto, Mercinda estava gostando do desafio e, durante os meses seguintes, foi ficando cada vez melhor. Toda a prática de criação (por exemplo, cantar no chuveiro sobre o ciclo de Krebs) a ajudava a memorizar a matéria.

Larry e Mercinda se formaram. Enquanto Larry preferiu virar pianista profissional, Mercinda se tornou uma bem-sucedida clínica geral e ensinava técnicas de memorização para passar em exames aos calouros de Medicina.

MÉTODOS PARA MELHORAR A MEMÓRIA

Como já foi visto, existem vários métodos que podem ser utilizados para melhorar a memória. O que importa é usar a informação que se deseja memorizar. Não interessa se você vai ler, cantar ou dançar (as duas últimas opções podem desenvolver o seu talento artístico). O que importa é que você estará ajudando a sua memória toda vez que utilizar a informação.

Sempre que uma informação é transmitida por um neurônio em seu cérebro, fica mais fácil recuperá-la. Basicamente, fazer uma revisão é isso – percorrer caminhos específicos entre os milhões de neurônios em seu cérebro. É como aprender um novo caminho num campo gramado sem pontos de referência – quanto mais você fizer esse caminho, mais automático ele vai ficando.

Associações criativas

Você conseguirá se lembrar mais facilmente de fatos, números, conceitos e teorias se eles forem associados a alguma imagem interessante. Vejamos um exemplo.

Alguns anos atrás, participei de um workshop sobre memória, e o palestrante cumprimentou cada um dos 50 participantes na entrada. Ele se apresentava e conduzia uma breve conversa com a pessoa, antes de cumprimentar a próxima. Na metade do workshop, ele disse que faria uma demonstração de como as suas técnicas de memorização realmente funcionavam. Ele disse que tentaria se recordar dos nomes de todos os participantes e, quem sabe, alguma informação obtida durante a rápida conversa que tivera com cada um na entrada. Ele foi falando o nome de cada um dos participantes e errou apenas três!

Os outros participantes e eu ficamos bastante impressionados. O palestrante explicou que costuma fazer esse exercício quase todo dia, portanto tem muita prática. Mas ele foi capaz de fazer isso só com a prática? Ele explicou que, ao cumprimentar cada participante, pronunciou o nome da pessoa umas três ou quatro vezes: "Prazer em conhecê-lo, Harry. De onde você é, Harry? Quais são as suas expectativas em relação ao workshop, Harry? Espero que você goste do workshop, Harry."

Além de repetir o nome de Harry, o palestrante explicou que também procurou algum traço marcante ou incomum na aparência ou no comportamento do rapaz. Harry tinha orelhas de abano. Enquanto conversava com Harry, o palestrante imaginou que Harry era elefante e que batias as grandes orelhas e sobrevoava os altos prédios da cidade, junto com os pássaros. Aquela imagem o faria se lembrar de Harry e o ajudaria a memorizar seu nome.

Em geral, quanto mais absurda for a imagem, mais memorável será a pessoa associada a ela. Essa técnica requer alguma prática em criação de imagens. Se você fizer isso toda vez que conhecer alguém, notará que a sua memória para nomes vai melhorar.

Mnemônica

A palavra mnemônica é difícil de ser memorizada, a não ser que você seja um estudante da língua grega – ela vem do grego *mnemonikos*, que significa "de memória". Eu utilizei essa técnica quando estava no primeiro ano de Medicina e tinha que memorizar livros inteiros. Um exemplo de mnemônico é: "Minha vó tem muitas jóias, só usa novas." A primeira letra de cada palavra dessa frase é também a primeira letra dos planetas do sistema solar. Em geral, conseguimos nos lembrar de exercícios mnemônicos com facilidade, mas alguns estudantes disseram que não conseguiam decorar. Se você for utilizar mnemônica, certifique-se de que vai conseguir associar a frase com a matéria, pois citar apenas a rima ou a frase não irá garantir pontos na prova.

Recordando o que você leu

No capítulo 3, falamos sobre uma técnica de leitura para você aumentar a sua concentração. Essa técnica também irá melhorar a sua memória.

Você deve se lembrar de que essa técnica compreende cinco etapas: Examinar, Perguntar, Ler, Repetir em voz alta e Revisar. Cada uma delas exige a utilização da informação. Ao usar esse método, você terá aumentada a capacidade de armazenamento de sua memória, pois aplica os conceitos de cinco maneiras diferentes: primeiro, examinando; depois, elaborando perguntas sobre os pontos principais; a seguir, lendo seção por seção e, em seguida repetindo em voz alta os pontos principais; finalmente, revendo toda a matéria. Sua capacidade de retenção certamente irá aumentar ao seguir todas essas etapas.

Recordando em sala de aula

Da mesma forma que você pode melhorar a sua memória durante a leitura, utilizando a informação de diferentes maneiras, também poderá aumentá-la em relação ao que o professor diz em sala de aula usando uma técnica semelhante: Aquecimento, Audição, Pergunta, Anotação, Revisão.

O aquecimento para a aula começa antes de você entrar na sala. Ele pode ser feito na noite anterior ou mesmo um pouco antes da aula. Gaste de três a cinco minutos para cada matéria, dando uma lida geral no capítulo, prestando atenção nos títulos e subtítulos, nos trechos em negrito e em itálico, nos gráficos, nas tabelas e em outros recursos visuais. Seu objetivo nessa etapa não é aprender todo o conteúdo do texto, mas apenas se familiarizar com ele.

Escutar o professor não é uma tarefa complicada. Tente acompanhar a linha de raciocínio. Concentre a sua atenção nos pontos principais da aula. O aquecimento feito antes da aula poderá ser útil nessa etapa.

A seguir, vêm as perguntas. Você irá formular perguntas para si mesmo sobre o assunto que está sendo tratado no momento da aula. Por exemplo: "Qual é a relação entre a fase clara e a fase escura da fotossíntese?" Formular perguntas para você mesmo responder irá estimular a sua atenção e a sua memória.

Anotar os pontos principais é muito importante, uma vez que estará reunindo material para uma revisão posterior. Não tente anotar tudo o que for dito em classe, já que muita coisa não é relevante. Escreva apenas os pontos principais. Você pode anotar os detalhes mais tarde.

A revisão dos pontos principais deve ser feita depois do fim da aula; quanto antes, melhor. Se possível, permaneça sentado na sala, ou faça a revisão na biblioteca. Essa revisão irá ajudá-lo a assimilar os pontos principais e também a melhorar a sua memória.

Memória, revisão e provas

A maioria dos estudantes odeia fazer revisão e compreendo bem o motivo – revisões geralmente antecedem as provas, e elas muitas vezes estão associadas a uma grande ansiedade. Essa ansiedade contamina o processo de revisão.

Como fazer uma boa revisão? O ideal é começar cedo. Isso é fundamental, já que o processo de aprendizado leva um certo tempo – e aquelas horas de pânico na noite anterior à prova não serão suficientes para a maioria dos estudantes.

Durante a revisão, faça breves intervalos para que a sua mente possa descansar. A revisão é um processo árduo, e o seu cérebro ficará desgastado. Se você não descansar, sua eficiência irá diminuir drasticamente após algumas horas.

O processo de revisão compreende as seguintes etapas: repetição, anotação, formulação de perguntas prováveis de cair na prova, respostas a essas perguntas. Primeiro, leia as suas anotações e se concentre nos pontos principais. A primeira leitura deve ser rápida e superficial. Não espere ter memorizado muita coisa nessa etapa, caso contrário só sentirá frustração. A seguir, faça uma segunda leitura de suas anotações, tentando não perder muito tempo, já que a revisão consiste em várias leituras. De novo, não espere reter muitas informações após a segunda revisão. Tudo começará a melhorar a partir da terceira e quarta revisões, uma vez que a familiaridade gera a segurança – você notará que já domina o assunto! Na quinta ou sexta leitura, você já terá decorado praticamente o texto inteiro. O ideal é ter chegado a esse estágio antes de ir para a prova.

RESUMO

A memória é provavelmente a capacidade mental mais importante para os estudantes. Faça um aquecimento mental antes de cada aula, utilize a técnica da criação de imagens mentais e revise as suas anotações várias vezes antes das provas. O ideal é estar bem familiarizado com o conteúdo antes de fazer a prova.

DICAS

- Use canetas coloridas, marcadores de texto e notas autocolantes para dar destaque às suas anotações e facilitar o processo de memorização.
- Faça círculos, quadrados, pirâmides ou outros desenhos para destacar os conceitos. Uma imagem vale por mil palavras.
- Use acrônimos para facilitar a aprendizagem. O que é ONU? Organização das Nações Unidas. Acrônimos são fáceis de lembrar.
- Utilize uma agenda e programe uma revisão a cada semana. Revise as suas anotações nos fins de semana. Não deixe o conteúdo acumular.
- Utilize o conteúdo que você está estudando – questione, responda, argumente, discuta, faça rimas, cante ou dance. Use a sua imaginação. Lembre-se: informação utilizada é informação retida.
- Utilize os seus sentidos – olfato, tato, visão, audição e paladar. Eu, por exemplo, aprendi anatomia no curso de Medicina tocando em ossos e músculos.
- O olfato não será muito útil no aprendizado, a não ser que você esteja se preparando para ser "chef".
- Use cartões. Escreva os pontos principais de um lado do cartão e os detalhes no lado oposto. Carregue esses cartões com você e aproveite qualquer oportunidade para estudar.
- Grave os pontos principais em áudio, fazendo pausas entre eles. Escute a gravação ao fazer caminhadas, dirigir, tomar banho. Acrescente detalhes importantes nas pausas.

PARTE 2
O DESEMPENHO NAS PROVAS

6. Controlando os nervos

Incerteza = ansiedade

Certeza de que fez uma boa preparação = confiança e tranquilidade

Todos gostariam de ir para a uma prova se sentindo totalmente confiante. Entretanto, isso é raro de acontecer. Geralmente, a preparação é deixada para a última hora; às vezes, para a noite anterior à prova, e isso gera nervosismo. Entrar na sala da prova pode ser comparado a entrar na câmara de execução – não é uma sensação muito boa. Em vez de experimentar essas sensações negativas, você pode aprender a substituí-las por sensações de tranquilidade e confiança.

Este capítulo aborda o treinamento para relaxar – como controlar o seu nervosismo dias antes da prova. É muito importante começar o treinamento desde já (serão necessárias duas sessões por dia, durante três meses), para que você tenha tempo de dominar as técnicas. Os exercícios são agradáveis e produzem resultados. Depois que você pegar o jeito, não verá a hora de fazer as suas sessões de relaxamento.

APRENDA A RELAXAR

Aprender a relaxar é aprender a dominar o medo e outros sentimentos negativos. A maioria das pessoas se preocupa demais com as provas. Infelizmente, a preocupação pode atrapalhar, já que você ficará com medo de questões que talvez nem caiam na prova, de erros de correção ou muitas outras possibilidades desagradáveis, como a reprovação, a pior delas.

Pode-se comparar a mente humana a um grupo de cavalos puxando uma carroça fora de controle, enquanto o cocheiro está paralisado de medo. Para reassumir o controle, ele precisa puxar as rédeas, a fim de reduzir a velocidade dos animais e redirecioná-los.

O mesmo deve ser feito pelas pessoas que desejam aprender a relaxar. Como a nossa mente aprendeu que precisa ser constantemente estimulada, não aprendeu a se aquietar. Esse relaxamento da mente não será nada fácil, mas será um processo agradável. Vale lembrar que aprender a relaxar é um processo a longo prazo – ou seja, são necessários cerca de três meses de treino para obter os resultados pretendidos. Não se assuste com a palavra "treino", pois essa será uma experiência bastante agradável.

Vejamos os passos que devem ser dados para dominar a técnica de relaxamento mental.

PRATIQUE TODOS OS DIAS

Inclua a prática de relaxamento na sua rotina diária e dê alta prioridade a essa atividade. Quanto mais praticar, melhor será seu relaxamento. Mesmo que aprender a relaxar pareça simples, não é tão fácil assim. Você terá que treinar regularmente para dominar a técnica.

Quanto você deve treinar todo dia? No início, é aconselhável fazer várias sessões curtas (três a cinco minutos). Nesse estágio, sessões mais longas poderão fazê-lo perder tempo se preocupando ou sonhando acordado. Quando você tiver mais prática em controlar a sua atividade mental, aumente o tempo de duração das sessões. O objetivo é chegar a vinte minutos por dia, divididos em duas sessões de dez minutos cada.

Um alerta: em dias muito atarefados, você será tentado a adiar a sua sessão de relaxamento. E são esses os dias em que é mais importante relaxar. Portanto, permaneça fiel ao seu treinamento, desligue sua mente das pressões do dia e se concentre no processo de relaxamento. Além de ganhar mais prática em relaxar e obter uma boa dose de descanso, você estará criando um hábito de disciplina pessoal – o de ser capaz de cumprir todas as tarefas do dia.

TENHA EXPECTATIVA EM RELAXAR

É importante que você crie uma expectativa positiva em relação ao relaxamento. De nada adianta gritar para si mesmo: "RELAXE, droga, RELAXE!!" Em vez disso, diga calma e firmemente: "Eu vou relaxar agora!" Fazer esforço excessivo só vai atrapalhar o processo. Simplesmente sente e deixe acontecer.

ENCONTRE UM LOCAL TRANQUILO

Você pode relaxar em qualquer lugar, permanecendo em paz por alguns minutos. Se estiver em casa, tire o telefone do gancho. Se for o caso, coloque um aviso de "Não perturbe" na sua porta. Melhor ainda: antes de começar, avise os outros que irá fazer a sua sessão de relaxamento. Se estiver difícil encontrar um local tranquilo para relaxar, você poderá fazê-lo mesmo assim.

Muitas pessoas gostam de relaxar em ônibus e metrôs. Outras aproveitam para relaxar dentro do carro (estacionado), no parque ou no câmpus (no sol ou na sombra). O importante é não deixar de incluir a sua sessão de relaxamento na sua rotina diária. Tente praticar em diferentes locais e horários, para que você se acostume a relaxar em diferentes situações.

FIQUE CONFORTÁVEL

Como vimos na etapa anterior, você não precisa de condições especiais para relaxar. Encontre um local confortável e comece já. Não é recomendável fazer a sessão de relaxamento em sua cama, principalmente se já for tarde da noite. É muito difícil não cair no sono quando se está deitado na cama com a mente e o corpo cansados. Antes de chegar à etapa número 3, você já terá caído em um sono profundo. Portanto, faça a sua sessão de relaxamento sentado ou mesmo de pé. Teve um estudante que ficou craque em relaxar em pé, dentro de um metrô lotado. Ninguém o perturbava enquanto ele permanecia de pé, com os olhos fechados, a pasta entre os joelhos e se segurando na barra do trem. Se você optar por relaxar no metrô, procure fica no fundo e longe da porta.

CONCENTRE-SE EM SUA RESPIRAÇÃO

Para começar o relaxamento, feche os olhos e se concentre na respiração. Ouça o som do ar entrando e saindo. Certifique-se de que está respirando com o abdômen – ou seja, seu abdômen deve se movimentar enquanto respira.

Após um ou dois minutos, comece a contar de 1 a 10 sempre que inspirar e diga "relaxe" quando expirar. Por exemplo, na primeira inspiração, diga "um" e visualize o número 1 em sua mente. Na expiração, diga "relaxe" e visualize a palavra "relaxe" em sua mente. Repita o processo até sentir que sua mente está calma, focada e livre de preocupações.

Esse método de contagem é uma ótima maneira de afastar pensamentos e ideias que distraem e perturbam a sua mente. Enquanto ela estiver ocupada com o processo de contagem, será mais difícil se distrair com outros pensamentos. No fim, apenas o fato de dizer a palavra "relaxe" irá provocar uma reação de relaxamento, mas no início será necessário ultrapassar esse nível.

FOQUE SUA ATENÇÃO

Focar a atenção pode parecer algo fácil, mas pode ser bem difícil, principalmente se você tiver uma mente bastante ativa. O processo de contagem descrito anteriormente já é um bom começo, mas você vai querer passar a outras etapas e vivenciar todos os profundos efeitos do relaxamento. Mentalize a cena a seguir ou outra de sua escolha. Tente fazer com que ela pareça a mais real possível, tentando experimentar o maior número de sensações que puder.

Ilha no Pacífico Sul

Fui passar as férias em uma ilha remota do Pacífico Sul, onde tenho tudo o que preciso. Hoje, caminhei em uma praia deserta, longe de qualquer vestígio de civilização. Estou de pé, à sombra de uma palmeira. Posso ouvir o gorjeio dos pássaros sobre a minha cabeça e o barulho das folhas balançando ao vento. Além das areias douradas da praia, vejo a água verde-azulada do oceano. Na parte mais funda, a água adquire uma tonalidade mais escura e intensa de azul, terminando na linha do horizonte. Acima, uma grande nuvem branca passeia vagarosamente pelo céu, flutuando da direita para a esquerda.

Como o dia está quente, resolvo entrar na água. Os meus pés entram em contato com a areia e logo sinto o seu calor agradável subindo da sola dos meus pés até as pernas, passando pelo abdômen, peito, braços, pescoço e chegando até a cabeça. Tão quente, tão agradável. Ao caminhar em direção à água, como se estivesse em câmera lenta, sinto a areia macia e fina sob os pés abrindo caminho para mim. A areia é bem fina e fofa.

Chego à areia fresca molhada pela maré. A areia é firme, mas deixo pegadas ao caminhar rumo à água. Entro na água até a altura do joelho. A água está fria e refrescante. Olho para o fundo da água cristalina e vejo vários pedaços de conchas e uma estrela-do-mar com colorações roxas e azuis. Vejo também dois caranguejos fugindo de mim e um pequeno grupo de peixes prateados nadando rapidamente de um lado para outro. A água é tão limpa e transparente que pego um pouco com a mão e a jogo sobre meu corpo. Muito refrescante.

Volto à areia seca e me deito de costas em uma toalha. Sinto o calor da areia nas minhas costas e gotas de água escorrendo em meu corpo. O sol aquece e seca o meu corpo. Tão quente... Tão agradável... Deitado na praia, só escuto o ruído das ondas batendo nas pedras. De vez em quando, ouço o grasnado de alguma gaivota, mas, fora esses ruídos, o silêncio é surpreendente. Tão tranquilo, tão calmo... tão relaxante...

Antes de passar a outra etapa do processo de relaxamento, é importante conhecer outro método para se concentrar, principalmente aquelas pessoas que têm dificuldade em formar intensas imagens mentais.

O texto a seguir mostra uma série de exercícios de relaxamento muscular progressivo. Você só precisa se concentrar nos músculos mencionados e permitir que eles liberem o máximo de tensão possível. Deixe os músculos soltos, flácidos, quentes ou pesados – qualquer estado que você considere estar associado ao relaxamento. Leia o texto várias vezes e, quando colocá-lo em prática, faça pausas de quinze segundos entre cada grupo de músculos, para que eles possam relaxar.

Relaxamento muscular progressivo

Concentre-se nos músculos da sua testa, logo acima das sobrancelhas. Sinta os músculos ficando descontraídos... quentes... pesados... e relaxados. Agora passe para as sobrancelhas... bem relaxadas. Suas bochechas e músculos da boca... bem soltos... bem relaxados. Os maxilares... livres e soltos... Se quiser, deixe o queixo cair... Agora se concentre nos músculos do pescoço, na frente e atrás... Quentes... soltos... bem relaxados. Deixe os seus ombros caírem... Note como é bom se livrar da tensão.

Agora relaxe os dois braços ao mesmo tempo. Sinta a tensão fluindo por seus braços e saindo pelos dedos. Os braços ficarão mais soltos e relaxados a cada expiração.

Passe para os músculos das costas. Sinta-os afundando... afundando na cadeira... Indo lá para baixo... cada vez mais baixo... Cada vez mais relaxados... Agora se concentre nos músculos do peito. Sinta-os ficarem mais soltos e relaxados a cada expiração. Assim, bem relaxados. Em seguida, os músculos do abdômen. Libere a tensão a cada expiração. Bem relaxado... quente e relaxado. E finalmente as pernas. Deixe a tensão ir embora, deixando suas pernas bem soltas... bem relaxadas. Isso. Bem relaxadas.

E agora o corpo inteiro. Você está liberando a tensão muscular. Você está se sentindo relaxado. Muuuito... relaxado. Tranquilo... calmo... e... relaxado.

Caso ainda esteja aqui comigo, gostaria de apresentar outra técnica de relaxamento, para que você tenha mais opções. Programas de relaxamento rígidos e inflexíveis fracassam principalmente por deixar as pessoas entediadas. Quanto mais você puder variar os exercícios de relaxamento, mais motivação terá para continuar com as sessões.

Caminhando em direção ao local de relaxamento

Imagine que você esteja no topo de uma linda escadaria circular. O carpete desliza para baixo e para a esquerda. Você pode sentir o carpete macio sob seus pés descalços. Sua mão descansa no corrimão de madeira. À medida que desce os degraus, um de cada vez, você percebe que está cada vez mais relaxado.

Começando do topo, no 20º degrau, você desce ao 19º... ao 18º... deixando a sua mão deslizar pelo corrimão... 17º... mais relaxado a cada degrau...

16º... 15º... 14º... 13º... sentindo o carpete macio sob os pés... 12º... 11º... 10º... relaxado, cada vez mais relaxado... 9º... 8º... 7º... mais relaxado a cada expiração... 6º... 5º... 4º... bastante relaxado, bem relaxado... 3º... 2º... e, enfim, 1º... muito, muito relaxado.

Ao chegar ao chão, você avista uma grande e pesada porta de madeira que dá acesso ao seu quarto particular. Você anda em direção à porta e gira a maçaneta delicadamente. Entra no quarto e fecha a porta. Ao fechá-la, deixa todos os problemas e preocupações do lado de fora. Dentro do quarto, você está livre de problemas.

Você olha à sua volta e observa a iluminação do quarto. É o seu quarto, com a decoração do seu gosto. Preste atenção nas cores das paredes, nos objetos e nos móveis. Dê uma olhada no chão.

Você anda até a cadeira ou poltrona mais confortável e se espreguiça, deixando-se afundar nas almofadas. Você sente o seu corpo afundando cada vez mais. O quarto é muito silencioso e relaxante... muito relaxante. Nada de problemas, preocupações, perturbações. Só você. Em paz. Bem tranquilo e bem... muito relaxado.

Após experimentar algumas técnicas de relaxamento e concentração, estamos prontos para seguir em frente. Nesse momento, é bom que você volte a ficar alerta e receptivo. Se o seu objetivo ao ler essas passagens era atingir um estado de relaxamento, esqueça a correria e aproveite a desconcentração.

AUTOSSUGESTÕES POSITIVAS

O pensamento positivo é uma parte muito importante na preparação para provas e exames. Quando você está com a mente relaxada, o mesmo acontece com o seu corpo. O coração bate mais devagar, o ritmo da respiração também fica mais lento. Todas as suas atividades corpóreas desaceleram. Sua mente estará menos ativa, mas você ainda terá consciência do que acontece ao seu redor. Quando sua mente está tranquila e calma, você pode enviar mensagens positivas a si mesmo. Não se sabe ainda como esse processo funciona exatamente, mas as mensagens recebidas ficam registradas em sua mente, e elas podem exercer uma influência positiva antes e durante as provas.

É importante ressaltar, porém, que as mensagens positivas de nada adiantam se você não estuda para as provas, ou seja, a prática de relaxamento e a mentalização de mensagens positivas não são capazes de operar nenhum milagre. Essas técnicas servem apenas para ajudar na sua preparação. Não há como substituir uma boa revisão feita regularmente e com antecedência.

Aí vão algumas sugestões de frases que você pode usar quando estiver relaxado.

- Eu posso relaxar.
- Eu posso controlar a minha mente.
- Eu posso me concentrar nos estudos.
- Eu posso dar o melhor de mim nas provas.

Você deve ter percebido que todas as frases começaram com "Eu posso." São afirmações bem gerais, curtas e diretas. Seria perda de tempo acreditar em afirmações que não correspondem à realidade.

VOLTE SEM PRESSA

A fim de sair do seu estado de relaxamento, conte devagar de 1 até 5, sentindo-se cada vez mais alerta a cada número. No número 5, abra os olhos e estique os braços e as pernas. Não se levante de repente, pois poderá ficar tonto.

PRESTE ATENÇÃO A SUAS SENSAÇÕES

Antes de dar início a qualquer atividade, preste atenção em como você se sente. Pode ser que você sinta que seus braços estão pesados ou que sua boca está seca. Pode ser que você esteja em um estado de letargia e com preguiça de se mexer. Aproveite a sensação de relaxamento e conforto por cerca de um minuto.

PLANEJE A SUA PRÓXIMA SESSÃO DE RELAXAMENTO

Enquanto você ainda estiver sentindo os efeitos positivos da sua última sessão de relaxamento, aproveite para planejar a próxima. Lembre-se de que a prática é fundamental e de que é preciso ter organização para aprender a técnica. Após algumas semanas de treino, você notará que os efeitos de uma sessão de relaxamento são tão positivos que você não verá a hora de começar a próxima sessão.

É importante mencionar que o seu planejamento deve incluir duas sessões por dia, durante um período de três a quatro meses, para que o relaxamento comece a fazer parte de sua rotina diária e se transforme em um hábito. Depois de ter aprendido a relaxar, você poderá passar longos períodos sem relaxar (não que isso seja recomendável) e retomar as sessões de relaxamento com pouca ou nenhuma dificuldade. Aprender a relaxar é como aprender qualquer outra atividade – como andar de bicicleta ou digitar – uma vez que você aprendeu, nunca mais esquece. Mesmo deixando de nadar por um bom tempo, por exemplo, você ainda será capaz de nadar quando quiser retomar essa atividade. Pratique durante uns três ou quatro meses. Assim, estará fazendo um importante investimento para toda a vida.

MONTE UMA TABELA

Para não se esquecer das sessões de relaxamento, faça uma tabela para registrá-las. Monte uma tabela semelhante à apresentada a seguir e se lembre de preenchê-la todas as noite antes de ir dormir. Faça um X para indicar que você cumpriu as duas sessões diárias de relaxamento. Caso tenha cumprido só uma, faça somente um X, mas tente fazer três sessões no dia seguinte, a fim de manter uma média de duas por dia. Você logo verá uma fileira inteira toda assinalada. Só o fato de ver a tabela preenchida servirá como um estímulo a mais para continuar com as sessões.

Há fortes indícios de que manter um registro de atividades serve de reforço a novos comportamentos. Portanto, comece já e dê continuidade às suas sessões. Você logo será capaz de reduzir a sua tensão com a simples mentalização da palavra "relaxe". Imagine como isso será útil durante as suas próximas provas.

RESUMO

O relaxamento é uma habilidade vital, principalmente se você sente muita ansiedade antes das provas e pretende obter sucesso no futuro. Pratique os exercícios descritos neste capítulo duas vezes ao dia e, após três meses, você será capaz de afastar a ansiedade de sua mente e substituí-la por um sentimento de calma e tranquilidade. É muito mais produtivo fazer provas nesse estado de espírito.

Tabela de relaxamento

Pregue esta tabela onde possa vê-la todos os dias (por exemplo, espelho do banheiro) e registre nela o número de sessões de relaxamento que fez a cada dia. Faça um X ou um tique toda vez que completar uma sessão. Caso perca uma sessão, reponha em outro dia, tendo como meta completar 60 sessões por mês.

Treino Diário

4																															
3																															
2																															
1																															
Dia	1	2	3	4	5	6	7	8	9	10	11	12	13	14	15	16	17	18	19	20	21	22	23	24	25	26	27	28	29	30	31

Mês_____   Meta __60__

4								✓																							
3			✓					✓							✓									✓	✓						
2	✓	✓		✓	✓	✓	✓		✓	✓	✓	✓	✓	✓		✓	✓	✓	✓	✓	✓	✓		✓	✓	✓	✓	✓	✓	✓	✓
1	✓	✓	✓	✓	✓	✓	✓		✓	✓	✓	✓	✓	✓	✓	✓	✓	✓	✓	✓	✓	✓		✓	✓	✓	✓	✓	✓	✓	✓
Dia	1	2	3	4	5	6	7	8	9	10	11	12	13	14	15	16	17	18	19	20	21	22	23	24	25	26	27	28	29	30	31

Mês___abril___   Meta __60__

7. Lidando com o medo de provas

Eu não tenho tanto medo assim de prova, contanto que eu saiba todas as respostas de antemão. – estudante otimista

É provável que o problema mais comum relatado pelos estudantes seja o medo de provas. Isso é perfeitamente compreensível. São poucos os que gostam de ser avaliados, principalmente se existe a possibilidade de ir mal na prova ou mesmo de ser reprovado. Vivemos em um mundo extremamente competitivo, no qual as notas acadêmicas são um critério muito importante para alguns programas de pós-graduação, como mestrado e doutorado em universidades públicas, por exemplo, ou para conseguir um emprego. Por isso, muitos estudantes se sentem pressionados a tirar boas notas. Se percebem que não serão capazes de conseguir o mínimo para passar, o medo pode se tornar um problema significativo.

Embora o medo não seja um sentimento agradável, o fato de ser facilmente tratado já serve de consolo. Estudos mostraram que algumas pessoas relataram altos níveis de medo mesmo quando estavam bem preparadas para as provas. Elas apresentaram graves problemas antes e durante as provas, incluindo sintomas como náusea (teve um caso de vômito na sala de prova!), dores e bloqueios de memória. Experimentos conduzidos com essas pessoas demonstraram uma melhora no desempenho em provas – em alguns casos, a melhora foi de até 30% depois do tratamento.

Acompanhe agora o caso de Chris, que se queixava de um medo intenso e duradouro antes das provas.

MEDO DE PROVAS, NOTAS MAIS BAIXAS

Chris era um estudante do 2º ano de Engenharia Elétrica que havia sido reprovado em várias matérias do 1º ano. Ele relatou que começou a ter medo de provas no ensino médio. Ele não sabia que algo podia ser feito a respeito até que um amigo lhe indicou o aconselhamento psicológico para buscar ajuda.

A preparação para as provas não era problema para Chris, pois era um rapaz muito consciente e inteligente. Ele sabia as suas anotações e outros materiais de estudo muito bem, mas, quando entrava na sala para fazer a prova, passava mal a ponto de ter que se retirar da sala. A náusea que sentia era frequentemente associada aos bloqueios mentais que costumava ter. E o mais frustrante é que, logo depois que saía da sala, era capaz de se sentar e de resolver todas as questões da prova sem nenhuma dificuldade e ainda obter bons resultados – só que esse desempenho não contava.

Chris foi submetido a um tratamento denominado dessensibilização sistemática (DS), um nome complicado para um método simples. Chris foi submetido a uma sessão de relaxamento. Assim que conseguia ficar bem relaxado, imaginava-se em várias situações de prova, desde a mais simples até a que gerava mais ansiedade. Ele se imaginava nessas cenas, substituindo o sentimento de ansiedade pelo de tranquilidade. Como resultado desse tratamento, Chris conseguiu passar (com boas notas) em todas as matérias do 2º ano.

A LÓGICA POR TRÁS DA DESSENSIBILIZAÇÃO SISTEMÁTICA

Nosso corpo é capaz de reagir às cenas que criamos em nossa mente. Isso pode ser aproveitado para reduzir o medo associado às provas. Utilize os efeitos positivos do estado de relaxamento para anular os sintomas de ansiedade. A DS é um processo no qual o medo é substituído pelo estado de relaxamento. É importante mencionar que a DS não produz bons resultados sozinha. Sua mente precisa estar bem preparada para que a técnica possa realmente funcionar.

Para que possa experimentar a sensação de medo antes de uma prova, peça para um amigo ler a seguinte passagem para você. Tente se imaginar na cena.

Sala de prova

Você acaba de chegar para a sua prova mais difícil do ano e vê os outros alunos folheando as anotações e conversando em um clima de nervosismo. Você pode sentir a tensão no ar. Um colega corre em sua direção e pergunta: "Você estudou o capítulo X?" Você logo entra em desespero: "Será que esqueci esse capítulo? E se cair alguma questão sobre esse capítulo? Será que alguém me empresta as anotações para que eu possa dar uma olhada rápida?"

Quando você resolve ir atrás de alguém para pedir ajuda, a porta da sala se abre, e os estudantes começam a entrar. Você entra na sala preocupado com o tal do capítulo X e com medo de que caia alguma questão sobre ele na prova. Você se senta. O fiscal anuncia: "Não abram o caderno de prova antes de o sinal tocar!"

Você arruma o seu material em cima da mesa e lê os rabiscos na superfície de madeira da carteira. Você olha ao seu redor e vê os fiscais vigiando a sala com olhares atentos. Todos estão com uma fisionomia séria. O fiscal anuncia: "Vocês têm três horas para fazer a prova. Podem começar."

Depois de ter se imaginado dentro da sala de prova, veja como estão o seu coração e a sua respiração. Se a cena imaginada pareceu bem real, pode ser que as batidas do seu coração estejam aceleradas e que a sua respiração esteja mais rápida também.

UTILIZANDO A DESSENSIBILIZAÇÃO SISTEMÁTICA

Como foi visto, a DS vai ajudá-lo a reduzir a ansiedade durante as provas. O processo é, de certa forma, semelhante ao processo de aprendizagem de um nadador iniciante, que precisa superar o medo quando entra na água.

Para vencer o medo de águas profundas, é preciso vencer várias etapas. Por exemplo, comece fazendo uma caminhada pela praia, molhando os pés na água. O próximo passo é entrar na água só até o joelho, depois até a coxa, até a cintura, até o peito e por fim até chegar ao fundo e flutuar. Em cada etapa, o iniciante deve parar, andar de um lado para outro até se acostumar e não sentir mais medo ou nervosismo por estar em determinada profundidade. E só depois passar para a próxima etapa. É claro que o iniciante irá aprender os vários estilos de natação e as várias técnicas de respiração, para que não haja risco de afogamento ao entrar em uma piscina funda.

O mesmo princípio pode ser aplicado em relação ao medo de provas. Só que, nesse caso, as etapas são construídas em relação ao tempo, e não ao espaço, como é o caso da natação.

Pense nas suas provas anteriores. Quando você notou que ficava nervoso? Na porta da sala de prova? Na noite anterior à prova? Duas semanas antes da prova? Ou no primeiro dia do ano letivo?

Para a maioria dos estudantes, o primeiro dia do ano letivo não gera pânico. Portanto, como essa situação apresenta um nível baixo de ansiedade, ele será o primeiro passo na hierarquia (nesse caso, uma série de etapas cronológicas com ansiedade crescente à medida que o dia da prova se aproxima).

Para cada etapa, descreva brevemente a situação. Você pode escrever em cartões – uma situação em cada cartão. Quando tiver terminado de escrever, organize os cartões em ordem crescente de nível de ansiedade. Para ajudá-lo nessa tarefa, dê uma nota de 1 a 10 para cada cartão, sendo 1 para o nível mínimo de ansiedade e 10 para o nível máximo. Esse método recebe o nome de Unidades Específicas de Ansiedade (UEA).

De posse dos cartões já classificados, imagine uma cena para cada um deles. Isso só pode ser feito quando você estiver totalmente relaxado, com os cartões próximos a você. Relaxe e leia o primeiro cartão, imaginando a cena com a maior riqueza de detalhes possível. Após ter conseguido visualizar a cena em um estado de total relaxamento, pegue o próximo cartão, leia e imagine a cena. Vá fazendo isso até chegar ao último cartão, que representa o nível mais alto de ansiedade.

Vejamos alguns exemplos.

Cartão 1

Primeiro dia do curso. Todo mundo está comparando os horários e comentando as matérias que irá fazer. Jill, uma colega que é ótima aluna, diz que as provas desse curso são difíceis. Estou do lado de fora da sala na qual será realizada a prova dali a quatro meses. Olho para as carteiras vazias e para o quadro negro. Na parede, está pendurado um relógio, com o qual será controlado o tempo de prova.

Cartão 2

Falta um mês para as provas. Estou sentado na sala de aula lendo a lista de trabalhos que ainda tenho que entregar e pensando na revisão que preciso fazer para as provas. Faltam quatro semanas de aula e ainda tenho muita coisa para fazer!

Você deve ter percebido que existe um grande período de tempo decorrido entre as situações descritas nos dois cartões, desde o primeiro dia de aula até um mês antes das provas. É importante que você monte a sua hierarquia. Talvez precise de mais um ou dois cartões. O medo costuma aumentar à medida que a data das provas se aproxima. Portanto, é possível que você precise de vários cartões para representar a semana que antecede as provas.

Também é importante salientar que foram escolhidos dois locais diferentes para os dois cartões apresentados: fora e dentro da sala de aula, na carteira. Muitas pessoas que sentem medo de provas relatam que a ansiedade é maior em certos momentos (em geral, no dia da prova ou semanas antes), em certos lugares (sala de aula, laboratório ou qualquer outro lugar associado a provas) e na presença de determinadas pessoas (professores e alguns colegas – principalmente aqueles que estão sempre falando sobre as provas).

Ao elaborar os seus cartões, tente incluir o maior número possível de fatores que contribuem para a sua ansiedade. Caso não tenha certeza do que o deixa ansioso e nervoso antes de uma prova, converse com um amigo. Geralmente, trocar ideias e dividir os sentimentos com alguém ajuda a esclarecer a mente.

Aí vão mais alguns exemplos de cartões.

Cartão 3

Duas semanas antes das provas, o professor de inglês fala quais são os pontos que devem ser revisados com atenção para a prova. Tento me recordar desses pontos, mas eles não estão muito claros em minha mente. Há um enorme silêncio na sala.

Cartão 4

Falta uma semana para o início das provas. Enquanto examino a programação de provas, Jim chega todo animado e diz que não vale a pena se preocupar com as provas! Segundo o calendário, terei cinco provas em oito dias, sendo duas provas no sexto dia. Jim continua rindo e brincando com alguns colegas. Eu nem prestei atenção na piada que ele contou.

Cartão 5

Manhã da minha terceira prova. Subo as escadas em direção à sala de prova. Os alunos conversam. Sinto um certo clima de nervosismo entre eles. Minha mente está preocupada com os assuntos que provavelmente vão cair na prova. Eu me aproximo da porta da sala...

Os cinco modelos de cartão dão uma ideia de como montar a sua hierarquia. Elabore cerca de dez cartões e organize-os de acordo com o nível de ansiedade: do nível mais baixo ao nível mais alto. Depois, comece o processo de dessensibilização.

AFASTANDO O MEDO COM RELAXAMENTO E DS

DS é um método muito importante e eficiente para superar o medo das provas. Por isso, vamos aprender como empregá-lo passo a passo.

◈ Quando estiver completamente relaxado, leia o primeiro cartão da sua sequência – aquele que representa o nível mais baixo de ansiedade.

Use a imaginação. Faça com que a cena pareça a mais real possível. Por exemplo, se a cena imaginada ocorre em seu quarto, olhe em volta e repare nos móveis, na cor das paredes, nas fotos e outros objetos. Sente-se à sua escrivaninha e sinta as costas se apoiando no encosto da cadeira. Se for verão, imagine o ventilador ligado, preste atenção ao ruído que ele faz e sinta o vento em seu rosto. Tem algum ruído no quarto? Rádio? TV?

◈ Continue com a sequência de cartões, um de cada vez.

◈ Caso se sinta ansioso ao imaginar uma determinada cena, diga para si mesmo: "Pare!" e imagine um sinal de "Pare!" em sua mente. Esse comando vai interromper a cena que está causando ansiedade.

◈ Respire fundo e diga para si mesmo: "Relaxe!", enquanto expira o ar, a fim de retornar ao estado de relaxamento. Libere toda a tensão e ansiedade a cada expiração. Continue dizendo "relaxe" a cada expiração até se sentir completamente relaxado.

◈ Imagine a cena novamente, com todos os detalhes imaginados da outra vez. Se sentir tensão e ansiedade de novo, diga "pare" e relaxe.

◈ Repita a cena em sua mente até conseguir imaginá-la por cerca de quinze segundos, em estado de relaxamento.

◈ Quando tiver conseguido manter a cena em sua mente durante quinze segundos em estado de relaxamento, passe para o próximo cartão e repita o processo.

◈ Caso alguma cena apresente uma dificuldade maior, carregue o cartão dessa cena com você. Sempre que tiver algum tempo livre, imagine-a e diga "relaxe" enquanto expira o ar. Ao imaginar as cenas mais problemáticas várias vezes, você se tornará capaz de anular a ansiedade associada a elas.

◈ Após ter imaginado todas as cenas de sua sequência, perceberá que é capaz de relaxar até mesmo nas condições mais adversas. O segredo é associar a palavra "relaxe" e o consequente estado de relaxamento às várias cenas imaginadas. Esse processo pode levar várias semanas, mas a atividade (ou, melhor dizendo, a falta de atividade) é bastante agradável.

∾ Caso não tenha tempo suficiente para aplicar esse método, gaste alguns minutos de seu dia imaginando as cenas. Carregue os cartões com você e tente relaxar quando e onde puder. Imagine uma cena de cada vez e diga "relaxe" enquanto expira o ar. Essa abordagem rápida não é tão eficiente quanto a mais demorada, mas é melhor do que enfrentar uma prova com os nervos à flor da pele.

A dessensibilização sistemática é semelhante a tomar uma vacina. Você se expõe a níveis inofensivos de estresse ao usar a imaginação. Se praticar durante um bom tempo, obterá ótimos resultados.

Em outras palavras, você pode perder boa parte do medo das suas provas revisando a matéria com antecedência, lendo suas anotações com frequência e aprendendo a relaxar. Lembre-se de começar a se preparar antecipadamente para ter tempo suficiente para dominar as técnicas.

O propósito de começar a se preparar com meses de antecedência é assegurar que, quando as provas começarem, você seja capaz de pôr em prática todas as habilidades vitais para ser bem-sucedido. Contudo, você vai perceber que a sala de prova não é o local ideal para fazer alongamentos e praticar uma sessão de relaxamento. No entanto, qualquer pessoa que tiver adquirido prática em relaxar, poderá fazê-lo a qualquer momento durante a prova. A seguir, um guia de como você pode usar o seu estado de relaxamento durante a prova.

RELAXANDO RAPIDAMENTE DURANTE UMA PROVA

Para aqueles estudantes que sentem muito medo antes e durante as provas, existem muitas vantagens em saber como relaxar rapidamente, mesmo durante uma prova em andamento.

Há, no mínimo, três motivos para aprender a relaxar de forma rápida durante uma prova. Em primeiro lugar, você se sentirá mais à vontade, uma vez que as salas de prova não são tão confortáveis assim. Em segundo lugar, você irá prevenir dores musculares. Ficar com a mão doendo de tanto escrever é um problema comum para quem escreve muito, já que os músculos estão sendo forçados. E, por último, fazer a prova com a mente relaxada irá agilizar o raciocínio. Você deve ser capaz de utilizar a sua memória ao máximo e manter a mente organizada.

Mas o que uma pessoa que costuma ficar ansiosa diante das provas pode fazer para permanecer relaxada?

Mantendo-se (relativamente) relaxado durante provas

∽ De tempos em tempos, feche os olhos e respire fundo, expirando o ar, vagarosa e silenciosamente. No momento em que expirar o ar, diga a si mesmo: "Relaxe!" e sinta a tensão saindo de seu corpo.

∽ Enquanto estiver respirando fundo, deixe os braços pender ao longo do corpo. Sinta o calor do sangue fluindo para as suas mãos. Imagine a tensão sendo liberada de seu corpo pelos dedos das mãos.

∽ Flexione e relaxe os músculos dos dedos, para estimular o fluxo sanguíneo.

∽ Mude levemente de posição, para aumentar o fluxo sanguíneo nas regiões da coxa, nádegas e costas. Faça movimentos suaves, para não atrapalhar os colegas do lado.

∽ Alongue os braços, pernas e costas.

∽ Respire fundo e devagar mais uma vez, mentalizando a palavra "relaxe" ao expirar o ar. Retorne à prova.

Toda essa sequência de pequenas ações (respirar, soltar os músculos, flexionar, mudar de posição, alongar e respirar de novo) pode ser feita em trinta segundos ou menos. Os benefícios alcançados por essas breves pausas para relaxamento fazem com que todo o tempo investido tenha valido a pena. Para sentir os efeitos do processo, por que não começar agora? A prática é o segredo para o bom desempenho.

RESUMO

A dessensibilização sistemática é um processo que irá ajudar a reduzir o medo de provas. Depois de conseguir atingir um bom estado de relaxamento, imagine cenas de situações que ocorrem antes e durante as provas. Assim, seu estado de relaxamento estará associado às cenas imaginadas. Esse processo leva várias semanas para ser completado, portanto comece logo. Pessoas que sofriam de ansiedade em relação a provas relataram uma melhora de até 30% em suas notas – por isso, aplicar essa técnica vale muito a pena.

8. Organizando a sua revisão

Eu tenho bastante tempo para revisar! Só não se esqueça de me acordar às 7 horas, porque a minha prova é às 9! – estudante ainda mais otimista

Este capítulo será bem curto, pois é possível que você esteja lendo o livro no pouco tempo que tem antes das provas. Se esse é o seu caso, dê uma olhada e escolha os pontos mais importantes. Após fazer isso, volte aos seus livros e cadernos e não desperdice um minuto sequer. Afinal, a prova não será sobre o conteúdo deste capítulo, mas você certamente terá que saber a matéria dada em sala.

JULIE – PREPARAÇÃO DE ÚLTIMA HORA, DESESPERO E RAIVA

Julie estava no 2º ano do curso de Artes Plásticas e deixava para se preparar para as provas na véspera. Ela sabia que estava sempre adiando suas obrigações, mas, como o hábito estava dando certo, não sentia a necessidade de que fosse diferente. No entanto, a maré começou a mudar.

No último semestre do 2º ano, as matérias começaram a ficar mais complicadas, e as anotações, mais volumosas. Julie começou a questionar se o antigo método de preparação para as provas de última hora seria suficiente e procurou a ajuda do orientador psicológico quatro dias antes do início das provas. Após observar o volume de trabalhos e anotações que teria que revisar para a prova, chegou à conclusão de que seria praticamente impossível ela dar conta do recado a tempo.

Não havia dúvidas de que Julie era uma aluna inteligente, mas havia um limite (geralmente imposto pelo tempo) quanto ao que ela poderia realizar. Então, elaboramos um cronograma diário de revisão sistemático, mas rápido, das quatro matérias, além de tempo para concluir dois trabalhos. Os dias seriam longos e atarefados, mas Julie estava disposta a encarar o desafio.

Julie relatou que passou "raspando" nas quatro matérias do 1º semestre e isso fez com que abrisse os olhos. Ela se conscientizou de que precisava planejar com antecedência e começar a revisão das matérias semanas antes das provas. Constatou que deixar tudo para a última hora não estava mais funcionando como antes e que precisava adotar novos hábitos de estudo. Com muita perseverança, conseguiu ter mais disciplina e começou a se preparar com antecedência para as suas provas.

Suponhamos que você tenha cerca de seis semanas para realizar uma revisão sistemática para as provas. Esse é o período ideal e, considerando que provas são muito importantes, quanto mais conseguir se aproximar do ideal, melhor para você. O seu plano de revisão deve incluir consulta aos tópicos, cronograma e informações disponíveis sobre as provas de cada matéria, programar seu tempo e resolver quaisquer problemas ou necessidades especiais. Vamos analisar cada tópico por vez.

CONSULTE O PROGRAMA DA MATÉRIA

O programa de qualquer matéria deverá conter os assuntos dados em aula e o cronograma de atividades do semestre. O programa também deve incluir informações sobre provas, exames e trabalhos (monografias, relatórios e projetos). Ao reler o programa, terá uma ideia bem clara dos principais tópicos que o professor deseja que você aprenda. Caso tenha dúvidas sobre quais são esses tópicos, pergunte ao professor. Caso ele não queira dar informações adicionais, vai lhe dizer, mas não custa perguntar. O importante é você se concentrar nos principais temas a serem revisados, principalmente se o tempo for escasso.

PLANEJE SEU TEMPO E O CRONOGRAMA DE REVISÃO

Com os tópicos principais em mente, elabore um cronograma de revisões. Leia anotações, livros e outros materiais o maior número de vezes possível. Muitas pessoas fazem apenas uma ou duas revisões. Dessa forma, elas podem até adquirir certa familiaridade com o conteúdo, mas na hora da necessidade esse nível de conhecimento não será suficiente. Se quiser obter resultados melhores, reserve um tempo maior para poder revisar a matéria no mínimo quatro ou cinco vezes. Pode parecer utopia, mas, com planejamento e aproveitamento adequado de seu tempo, isso é possível.

A fim de aproveitar ao máximo o seu tempo de estudo, organize a revisão de várias maneiras diferentes. Por exemplo, elabore um plano de estudo semanal para cada uma das últimas semanas, um diário para cada dia e, finalmente, um plano para as próximas horas. Desse jeito, você poderá verificar se está avançando em relação à sua tarefa como um todo. Cada hora é preciosa – ou melhor, cada minuto é precioso. Uma rápida olhada no seu "plano de batalha" atual irá reforçar a necessidade de se manter concentrado e prosseguir com a revisão.

O próximo passo é dividir as tarefas pelo tempo disponível. Suponhamos, por exemplo, que você tenha quatro provas de igual importância e que você queira revisar o conteúdo de cada matéria cinco vezes durante as próximas seis semanas. Divida uma folha de papel em seis colunas, uma para cada semana. Na margem esquerda, faça uma lista vertical das quatro matérias a serem revisadas. Desenhe uma flecha para cada matéria ao longo das colunas de semanas até onde planeja ter completado a primeira revisão. O tempo para cada matéria pode variar, dependendo da quantidade de assuntos e da dificuldade de cada uma. A primeira revisão costuma exigir mais tempo do que as revisões seguintes. É possível que a quinta ou sexta revisão dure apenas uma hora – talvez até na manhã da prova.

Tabela de revisão

Mat	1ª Sem.	2ª Sem.	3ª Sem.	4ª Sem.	5ª Sem.	6ª Sem.	Prova
A	Rev. 1		Rev. 1	Rev. 2	Rev. 3	Rev. 4	Prova
B	R1	R2	R3	R4	R5		Prova
C		R1		R2	R3	R4 e R5	Prova
D			R1		R2	R4 e R5	Prova

Você deve ter notado que foi reservado um tempo menor para a primeira revisão das matérias A e B do que para as matérias C e D. O importante é reservar tempo suficiente para a primeira revisão das matérias mais difíceis e ainda ter tempo para estudar as outras matérias. O tempo é curto, e você terá que saber aproveitá-lo da melhor forma possível. Lembre-se de que o seu objetivo é revisar o conteúdo várias vezes (até quatro ou cinco vezes para aumentar a sua confiança) antes de fazer a prova.

Quase todo mundo sabe em que período do dia apresenta maior rendimento. Algumas pessoas rendem mais pela manhã, outras são mais eficientes à tarde ou à noite. Nas últimas semanas que antecedem as suas provas, você provavelmente irá aproveitar qualquer momento livre para estudar. Saiba escolher as matérias certas para estudar nos períodos de maior e menor rendimento. Em vez de fazer um planejamento com muita antecedência, faça-o no começo de cada dia. O seu estado de ânimo nesse dia certamente terá influência em seus estudos. Caso esteja desanimado, comece com uma de suas matérias favoritas para animá-lo. Quando tiver adquirido um certo ritmo, estude uma matéria da qual não gosta muito. Seja flexível, mas dê continuidade às suas sessões de revisão.

Caso o seu tempo seja muito escasso (cinco dias ou menos), dedique-se a matérias em que poderá tirar notas maiores. Em outras palavras, concentre-se naquilo que: (a) seja importante para o curso e (b) não seja difícil de entender. Você terá que ser seletivo e ignorar os assuntos muito complicados. Dedique seu tempo àquilo que vale mais pontos.

**DICAS PARA ADMINISTRAR O SEU TEMPO
E FAZER REVISÃO PARA AS PROVAS**

Para aproveitar bem o seu tempo, veja que "ferramentas" podem ser úteis.

- *Cartões* – Como já foi mencionado, você pode estudar em qualquer lugar, com a ajuda de cartões. Escreva o assunto em um lado do cartão e, do outro, detalhes que considera importantes. Carregue os cartões com você e aproveite para lê-los sempre que puder.
- *Notas autocolantes* – Anote os pontos principais e outras informações relevantes em notas autocolantes. Cole-as em maçanetas de portas, janelas, telas de computador e outros objetos para os quais você olha com frequência. Elas certamente vão "colar" em sua mente.
- *Despertador para intervalos frequentes* – Fazer revisões é uma atividade mentalmente cansativa que pede intervalos breves, mas frequentes. Para não se esquecer de retomar os estudos, ajuste o alarme para avisá-lo de que é hora de continuar.
- *Marcadores de texto e canetas coloridas* – Deixe as suas anotações bem coloridas. Quanto mais criativas e coloridas, maior a chance de se lembrar delas na hora da prova.
- *Saco de pancadas para acalmar os nervos* – É melhor do que bater na parede (principalmente se ela for de tijolos) ou, pior ainda, nas pessoas. Quando a tensão é grande, esses impulsos agressivos podem surgir. Vá para a academia ou desconte no travesseiro. Uns bons golpes de boxe e vai se sentir melhor.

PROBLEMAS E NECESSIDADES ESPECIAIS

Um dos principais problemas enfrentados pelas pessoas antes das provas (não importa o tempo que resta para o temido evento) é o fato de não saberem exatamente o que cairá no exame. Como separar o joio do trigo?

USE A REGRA DE 3

Ao revisar cada seção de suas anotações, pergunte para si mesmo: "Se eu fosse o professor, quais os três pontos desta seção que eu cobraria dos meus alunos?" Essa pergunta poderá ajudá-lo a localizar os pontos principais das suas notas usando outra perspectiva – a do professor. Depois de decidir quais são os três pontos mais importantes de uma seção, faça um breve resumo deles e passe para a próxima seção. Concluída a revisão, recomece e estude com afinco os três pontos de todas as seções.

Confira com os colegas os pontos que poderão ser avaliados

O método apresentado acima também pode ser aplicado a um pequeno e disciplinado grupo de colegas. Dessa forma, você poderá obter informações valiosas que não conseguiria se estivesse sozinho. Cuidado, porém, para não perder o controle e o foco. Caso resolva estudar em grupo dias antes do início das provas, os nervos estarão à flor da pele e poderá ser difícil discutir de modo disciplinado.

PERSONALIZE SEU MÉTODO DE REVISÃO

Outra questão importante que aflige muitos dos que vão enfrentar provas é como estudar matérias tão diferentes entre si. Essas matérias exigem táticas individualizadas de estudo.

Na área de humanas, você estará lidando com conceitos e assuntos amplos e muitos temas, teorias e teóricos divergentes. O seu objetivo aqui é conhecer bem esses assuntos. Leia o programa da disciplina e se concentre nos tópicos que foram temas de palestras, discussões em classe e de projetos. Reveja-os várias vezes para assimilá-los bem. A vantagem, no caso das matérias de humanas, é que poderá discutir e dissertar sobre os assuntos, o que não pode ser feito na resolução de um problema de matemática, por exemplo, com apenas uma resposta correta.

Os estudantes de exatas possuem um desafio relativamente maior, uma vez que eles precisam conhecer do geral ao específico. Teorias, teóricos, conceitos e problemas são tão importantes quanto fatos, números e soluções. Se a sua matéria requer muita resolução de problemas, e você tiver que resolver vários deles durante a prova, pratique extensamente. A resolução de questões é uma atividade que deve ser feita semanalmente, visto que não haverá tempo para estudar toda a matéria nas últimas semanas que antecedem a prova.

EXPECTATIVAS EM RELAÇÃO À REVISÃO

Fazer revisão para as provas é uma atividade difícil e árdua. Boa parte da frustração vem da sensação de incompetência quando você começa a rever as anotações. É muito importante reconhecer que essa sensação é perfeitamente normal e previsível e que vai passar à medida que você se familiarizar com o conteúdo. Talvez seja útil documentar os estágios psicológicos pelos quais pode passar à medida que faz revisão da matéria.

Revisão nº 1

Você se assusta com o volume de trabalho a ser feito e com o pouco tempo que falta para a prova. Ainda não está muito familiarizado com o conteúdo – vai ser necessário muito trabalho até compreender detalhadamente os tópicos que talvez caiam na prova. Está se sentindo meio perdido e um tanto receoso.

Revisão nº 2

O tempo ainda é uma grande preocupação. Você está revisando as anotações, e elas vão ficando cada vez mais familiares, mas ainda não compreendeu o assunto a fundo neste estágio. Você se distrai pensando no pouco que sabe e no quanto a prova está perto.

Revisão nº 3

Você está começando a se sentir mais tranquilo, já que é capaz de reproduzir sem consulta alguns pontos da matéria. No entanto, ainda tem muito para ser feito, o que é uma preocupação. Neste estágio, o processo de revisão está indo bem mais rápido, o que é reconfortante.

Revisão nº 4

O assunto já está bem claro para você. O processo de revisão está caminhando bem depressa e você é capaz de ler as suas anotações com um bom grau de certeza e clareza. No entanto, alguns detalhes aqui e ali ainda requerem atenção.

Revisão nº 5

Muitos se sentem confiantes quanto ao conhecimento adquirido e quase podem reproduzir as anotações mentalmente. Você já pode discorrer sobre o assunto com segurança e tem muito mais confiança em sua capacidade de lidar com as perguntas da prova.

Note que a descrição do último estágio começou com "Muitos", pois algumas pessoas ainda se sentem inseguras, não importa quantas vezes tenham revisado suas anotações. Se você se encaixa nesse grupo, aceite o fato de que se preparou bem e que conhece a matéria estudada. É claro que haverá questões difíceis que irão testar o seu potencial, mas os outros também estarão nessa situação. Se isso não servir para acalmá-lo, procure ajuda psicológica para controlar a sua ansiedade – bem antes do início do período de provas.

CUIDE DO SEU CORPO, DO SEU HUMOR E DOS SEUS RELACIONAMENTOS

Talvez você precise esperar um pouco para ser atendido por um orientador nesse período concorrido que antecede os exames, de modo que aqui vão algumas dicas de autoajuda para poder ligar com a tensão.

֍ **Cuidado para não ingerir muita cafeína.** O seu fígado só consegue limpar 500 mg por dia. O nível de adrenalina já estará bastante elevado, portanto não precisa de mais estímulo.

֍ **Tente dormir bem durante a semana que antecede os exames.** Você precisa estar bem descansado para poder fazer uma boa prova. Portanto, não economize no sono. Não tome pílulas para se manter acordado, pois algumas pessoas sentem efeitos colaterais no dia seguinte, o que pode prejudicar o raciocínio na hora da prova.

֍ **Coma regularmente, mas não exagere.** É preciso manter um ritmo acelerado durante o período de revisão e ao entrar na sala de prova. O seu cérebro depende de uma boa dose de energia para funcionar – energia encontrada em alimentos saudáveis.

֍ **Conte com algum nervosismo.** Ficar um pouco nervoso é absolutamente normal, mas, apenas a título de comparação, fale com os seus colegas e pergunte como eles estão se sentindo. Certamente descobrirá que a situação deles é quase igual à sua.

∾ **Faça exercícios físicos para aliviar a tensão.** A agitação e o nervosismo causados pela proximidade das provas podem ser reduzidos com a prática de alguma atividade física, como fazer uma caminhada curta, mas revigorante, correr na esteira, etc. Isso irá ajudá-lo a gastar a energia acumulada e o deixará com mais disposição para continuar a estudar.

∾ **Respire devagar e diga a si mesmo: "Relaxe!", enquanto expira o ar.** Se você se sentir tonto, respire em um ritmo lento e constante, pois a respiração tende a ficar bem acelerada. Caso esteja com dificuldades de respirar (respiração rápida e curta), cubra a boca e o nariz com a mão e inspire o ar expirado. Isso vai restabelecer o equilíbrio de dióxido de carbono em seu sangue, ajudando a acalmá-lo. Repita a técnica sempre que achar necessário.

∾ **Mantenha os seus relacionamentos intactos.** Os seus relacionamentos poderão ser afetados durante o período de provas. Caso esteja envolvido em um relacionamento que está prestes a acabar, não deixe para rompê-lo imediatamente antes ou durante o período de provas. Aguarde um tempo e, caso a situação não melhore, deixe para terminar depois das provas. O motivo é simples: questões do coração certamente afetam a mente.

ALGUMAS PALAVRINHAS SOBRE O HÁBITO DE ESTUDAR DE ÚLTIMA HORA

Gostaria de fazer um rápido comentário sobre o famoso hábito de deixar para estudar na última hora. Resumindo: é melhor fazer as revisões semanalmente durante o semestre. Contudo, caso não haja outra solução, na próxima página estão algumas dicas para tornar o seu estudo de última hora o mais produtivo possível.

∾ Supondo que você deixe para estudar na noite anterior à prova, comece no fim da tarde quando ainda estiver com a cabeça fresca e a mente alerta.

∾ Faça intervalos breves e regulares para manter a calma e a tranquilidade.

∾ Concentre-se nos pontos principais. Certamente não vai haver tempo para dedicar aos detalhes.

∾ Leia, escreva e fale em voz alta os pontos mais importantes.

∾ Evite café e chá. Não tome energéticos nem pílulas para se manter acordado.

◦ Não há mais tempo para ler palavra por palavra – faça uma leitura rápida e superficial dos assuntos mais relevantes.

◦ Tente dormir. Coloque, no mínimo, dois despertadores para tocar pela manhã, de preferência fora de seu alcance.

RESUMO

Uma revisão bem organizada geralmente gera bons resultados nas provas. Planeje as suas semanas, os seus dias e as suas horas (e até os seus minutos!) antes das provas e aproveite ao máximo as sessões de estudo. Tente pensar como um professor, a fim de identificar pontos-chave e leia-os quatro ou cinco vezes. Se estudar de última hora já virou um hábito, tente quebrá-lo e comece a revisar o conteúdo das matérias com bastante antecedência.

9. Tendo um bom desempenho nas provas

Mesmo que não tenha tido muito tempo para me preparar, tenho certeza de que vou me lembrar de tudo assim que abrir o caderno de prova. – estudante que acredita em inspiração divina

Enfim, chega o grande dia! Após muito suor e esforço, você terá a oportunidade de demonstrar tudo (e não nada!) o que sabe sobre as matérias que estudou nas últimas semanas. Depois de tomar um bom café da manhã e com tempo de suficiente para chegar ao local de prova, você sai de casa. No caminho, surgem várias preocupações.

- Espero que eu consiga achar a sala onde será a minha prova.
- Será que vou ficar desesperado como no semestre passado?
- Provavelmente, vai ter barulho de reforma no andar de cima, como no ano passado.
- Aquelas folhas de respostas computadorizadas podem ser um problema, principalmente preencher os espaços corretamente.
- Eu tenho que ler as instruções da prova com mais atenção desta vez – é perda de tempo dissertar sobre três temas, se foram pedidos só dois.

ACORDE MAIS CEDO DO QUE O NECESSÁRIO

Se você ficou estudando até a madrugada do dia da prova e resolveu tirar algumas horas de sono, lembre-se de ligar dois despertadores.

É aconselhável colocá-los longe de você para que não consiga estender o braço e desligá-los, enquanto ainda estiver deitado.

Quem tem sono pesado e sempre quer ficar mais alguns minutos na cama deve colocar uma bacia de água perto dos despertadores. Assim, quando for desligá-los, aproveita para molhar o rosto, o pescoço, os braços e também os pés. Após molhar boa parte de corpo, você não terá muita vontade de voltar para a cama.

É claro que você não deseja dormir demais e correr o risco de chegar atrasado ou mesmo de perder a prova, já que isso não será nada bom para as suas notas. Se não confia nos seus despertadores ou mesmo em si próprio, peça para alguém de sua casa acordá-lo. Pense também em usar o telefone como alarme. Não importa como você irá acordar: o importante é não perder a hora.

TOME CAFÉ DA MANHÃ

Muitas pessoas saem correndo de casa sem tomar café da manhã, alegando que não conseguem comer quando estão nervosos. Horas mais tarde, contudo, elas poderão se arrepender. O cérebro precisa de energia para pensar, analisar, planejar, resolver problemas e escrever. Se você não comeu nada desde o jantar do dia anterior, é provável que o nível de glicose em seu sangue esteja bem baixo – o que não é uma condição nada favorável para uma prova de três horas de duração (ou, às vezes, mais).

Caso tenha receio dos efeitos negativos que alguns alimentos podem causar no seu organismo no dia da prova (indigestão, gases, cólicas estomacais, etc.), consulte um nutricionista para que ele indique alternativas. Aquilo que você come não importa tanto assim, contanto que tenha energia suficiente para atravessar o período de prova.

CHEQUE O LOCAL COM ANTECEDÊNCIA

Certa vez, cometi o erro grave de confiar apenas no edital provisório. Cheguei ao local de prova no horário e não vi ninguém lá – e 250 alunos iriam realizar o exame. Às 8h50 (a prova estava marcada para as 9 horas), comecei a ficar bastante preocupado com a situação. Procurei um quadro de avisos e encontrei um edital mais atualizado. O local da prova havia sido alterado. Corri para o outro lado do câmpus e cheguei com dez minutos de atraso – sem fôlego, suado, agitado e com raiva de mim mesmo. Felizmente, a data da prova não tinha sido mudada!

Aí vai um conselho: confira datas, horários e locais várias vezes antes do início do período de provas. Caso a prova ocorra em um local desconhecido, tente visitar o prédio e vá até a sala antes do dia marcado.

Lembre-se de que as salas nem sempre estão numeradas em ordem crescente e que os prédios nem sempre possuem nome. Isso não será problema, se você visitar o seu local de prova com antecedência.

CONFIRA O HORÁRIO DE INÍCIO DA PROVA

Dependendo do tipo de avaliação que você irá fazer, poderá haver um horário de chegada determinado para antes do início oficial do exame. Para exames com número de participantes especialmente grande, como no caso de concursos públicos ou vestibulares, geralmente é marcado um horário de entrada, a fim de registrar os candidatos. Pode parecer excessivamente complicado e paranóico, mas, em alguns concursos que qualificam os candidatos para trabalhar no exterior, às vezes, realiza-se um exame minucioso de passaportes, coleta de impressões digitais, etc. Se medidas como essas fizerem parte do procedimento de check-in, os organizadores devem avisá-lo com antecedência para que você chegue no horário. Para reforçar: sua meta é iniciar a prova com o máximo de calma, tranquilidade e confiança possível.

ESCOLHA O SEU LUGAR

Como você irá passar até quatro horas sentado realizando a prova, o assunto merece atenção especial. Se o lugar na sala de prova não tiver sido previamente marcado e você puder escolher a sua cadeira, leve alguns aspectos em consideração. Se você se distraiu com as pessoas sentadas ao seu redor em provas anteriores, escolha um lugar na primeira fileira. Talvez outros candidatos se sentem ao seu lado, mas a maioria estará atrás de você. O único problema de se sentar na frente é que corre o risco de se distrair com os fiscais de prova, uma vez que eles costumam permanecer na frente da sala sussurrando entre si. Caso isso aconteça, não hesite em pedir gentilmente que eles parem de conversar.

Observe onde estão sentados os alunos que costumam estalar os dedos ou suspirar bem alto durante a prova. Outro tipo de pessoa a evitar é aquele que escreve rápido e sem parar, enquanto você ainda está pensando no que irá escrever. Caso possa escolher o seu lugar, sente-se longe desses alunos que podem desconcentrá-lo.

Após ter decidido se prefere se sentar na frente ou em outro lugar da sala, verifique a temperatura. Caso a prova seja no verão, leve em conta a localização das janelas e a posição do sol. Se a sala já estiver quente, o calor irá aumentar quando todos os alunos chegarem. Nesse caso, evite lugares ensolarados. Caso você tenha que se sentar ao sol, peça a um fiscal de sala para fechar as cortinas ou persianas, a fim de evitar o desconforto causado pelo calor e pela claridade.

Assim como acidentes pessoais e contratempos parecem ocorrer com maior frequência em dias de provas, operários da prefeitura parecem escolher exatamente esses dias para quebrar o asfalto nas imediações do local do exame. Tentar impedi-los de realizar o seu trabalho é inútil. Caso isso ocorra, peça ao fiscal de sala para fechar as janelas e abaixar as persianas a fim de minimizar o barulho vindo de fora. Caso o ruído continue a incomodar, fale com o supervisor, que irá relatar qualquer irregularidade à administração.

PREENCHA A FOLHA DE RESPOSTAS COM OS SEUS DADOS

Em exames em que se utilizam folhas de respostas computadorizadas, você terá tempo para colocar seus dados pessoais nos espaços determinados. Pode ser que lhe peçam para anotar o número de inscrição. Lembre-se de levar o comprovante de inscrição.

Certamente, você terá que fornecer o seu nome e outras informações, tais como data de nascimento, data da prova, etc. Esse procedimento pode ser um tanto confuso, já que terá que preencher vários espaços em quadros predeterminados. É preciso ficar atento para não preencher os espaços errados. Você será identificado pelo seu número de inscrição e, se o o preenchimento estiver incorreto, terá problemas. Procure preencher os dados a lápis, conferir e depois completá-los com a caneta.

TEMPO DE LEITURA

Depois do check-in e do preenchimento de dados pessoais, geralmente é dado um tempo para que os candidatos leiam as instruções da prova. Durante esse período, os candidatos não têm permissão de escrever. É fundamental ler e reler essas instruções. Reler não é perda de tempo. Muitos candidatos não adotam essa prática, considerando-a perda de tempo, e só descobrem os erros tarde demais. Aproveite o tempo para ler, pensar nas questões e nas suas respostas. No entanto, o primeiro contato com as questões pode gerar fortes reações em sua mente. Imagine-se lendo uma questão que trata de um assunto que você considerou irrelevante e para o qual não deu muita atenção durante a revisão. O que você irá sentir nesse momento? Provavelmente, um medo intenso ou mesmo pânico total. Muitos estudantes podem ficar bastante tensos e achar que irão fracassar. Antes que o pânico tome conta, passe para a próxima questão. Talvez ela sirva para mostrar que a sua preparação será bem recompensada.

Depois de ler as instruções e as questões da prova, é hora de planejar o ataque. Conhecendo o número de questões, seu foco e, talvez, o valor de cada uma, você poderá estabelecer prioridades e utilizar bem o seu tempo.

UTILIZE BEM O SEU TEMPO

Alocar seu tempo para as seções ou perguntas mais importantes leva apenas um ou dois minutos e é uma tarefa simples, mas muitos candidatos ignoram essa etapa essencial. Vários escrevem notas nos minutos finais, como "Eu não tive tempo para terminar de responder a esta questão". Esses recados não sensibilizam o professor encarregado da correção e certamente não garantem mais pontos. A prova também avalia a maneira como você utiliza o seu tempo. Reserve um minuto ou dois antes de começar para planejar como se organizar.

Como dividir o tempo durante a prova? Naturalmente, você quer ganhar pontos por aquilo que sabe bem. Imagine a frustração de resolver as questões da prova na ordem e descobrir que não tem mais tempo para resolver a última questão, justamente aquela sobre um assunto que você domina. A fim de evitar essa situação, planeje a ordem em que pretende responder às questões. Essa ordem deve levar em conta dois critérios: o seu domínio do assunto e o peso atribuído a cada questão. Após decidir quanto tempo irá gastar em cada questão, cabe a você cumprir o planejado. Lembre-se de que é muito melhor responder a todas as questões do que responder brilhantemente a apenas uma e deixar o resto em branco.

Outro ponto a ser levado em consideração é o tipo de questão que você prefere: dissertação, questões que exigem respostas diretas e rápidas ou de múltipla escolha. Alguns estudantes relataram que sentem dificuldade em fazer dissertações e por isso perdiam tempo demais nesse tipo de questão, o que não deixava muito tempo para as questões de múltipla escolha. Certifique-se de que irá ganhar pontos por aquilo que conhece bem. O próximo capítulo trata dos diferentes tipos de questões de provas.

Não deixe de considerar fatores como cansaço e dores na mão. Se você precisar fazer duas redações e ainda responder a uma série de questões de múltipla escolha, pode começar fazendo uma redação, passar para as questões de múltipla escolha e depois voltar à outra redação. Ao resolver as questões de múltipla escolha entre as redações, a sua mão poderá descansar. E a sua mente também irá se beneficiar ao passar da tarefa criativa de redigir uma dissertação à tarefa mais analítica de escolher a resposta correta entre cinco alternativas. Em outras palavras, mudar o ritmo durante a prova é uma boa ideia. Manter a mesma atividade mental pode gerar fadiga desnecessária.

Para finalizar, vale mencionar que em alguns grandes concursos públicos pode haver restrições quanto a voltar a seções já completadas. As instruções certamente esclarecem tais restrições. Ouça com atenção e pense nessas condições especiais ao planejar o andamento da prova.

SEJA CAPRICHOSO

Depois de várias horas escrevendo, a sua mão pode ficar cansada, e a sua letra ruim. Reveja provas anteriores e verifique se a sua letra está legível. Caso esteja indecifrável (pergunte a um amigo se ele consegue compreender), pratique a escrita à mão por longos períodos, a fim de treinar os músculos. Um ótimo exercício é ficar anotando o que ouve na TV durante cerca de uma hora. Os músculos de sua mão ficarão muito doloridos nas primeiras tentativas, mas eles certamente irão se acostumar com a prática, e a sua letra se tornará mais legível.

Por que se preocupar com a letra? A razão é simples (e importante): uma letra clara e legível pode garantir mais pontos. A maioria dos professores tem que corrigir uma prova atrás da outra e, quando se deparam com um texto praticamente impossível de ler, não demonstram nenhuma compaixão pelo candidato exausto. Facilite a correção para o professor e se beneficie do resultado.

REVISE A SUA PROVA

Antes de entregar a prova, reserve alguns minutos para revisar as respostas e redações. Corrija erros de ortografia, insira a pontuação que ficou faltando, apague o que for preciso. Caso tenha usado um cartão de respostas (daqueles que são corrigidos por sistema computadorizado), confira se não deixou de preencher nenhum espaço. Caso não haja problema em "chutar" as respostas (ou seja, caso uma resposta errada não anule uma resposta certa, por exemplo) e você tenha deixado várias questões em branco, escolha uma determinada letra (B, por exemplo) para preencher todas as questões restantes. Pode ser que você ganhe mais alguns pontinhos nesses minutos finais da prova.

RESUMO

O dia da prova chegou! Levante-se cedo, tome café da manhã e saia cedo de casa. Escolha (se puder) o melhor lugar na sala para você, leia as instruções e as questões com atenção e planeje a sua estratégia. Tente dividir bem o tempo que irá gastar em cada parte da prova. Antes de entregá-la, confira se está tudo em ordem.

10. Lidando com diferentes tipos de provas

Eu gosto de chutar – é uma pena que as questões de F ou V não sejam mais comuns. – estudante sonhador

Como candidato em provas e concursos, você se depara com a assustadora tarefa de ter que responder a diferentes tipos de questões. Pode ser que você tenha que demonstrar o raciocínio lógico e a criatividade em uma questão que exija uma dissertação. Ou tenha que resumir várias ideias em um parágrafo. Ou, ainda, tenha que resolver questões de múltipla escolha.

Um erro comum de muitos candidatos é achar que foram mal na prova porque não conheciam a matéria o bastante para passar. É óbvio que estar familiarizado com o material de estudo é importante, mas outro aspecto significativo para passar em uma prova é a capacidade de o candidato raciocinar e argumentar de maneira lógica, concisa e clara. A concisão e a clareza são mais importantes em uma dissertação do que nos testes de múltipla escolha, por exemplo. No entanto, você certamente terá que ter um raciocínio lógico na hora de resolver uma bateria de questões complexas de múltipla escolha.

Este capítulo trata dos diferentes tipos de provas, incluindo redações, perguntas que exigem respostas objetivas, múltipla escolha, verdadeiro ou falso e associações. Uma recente e interessante forma de avaliação é a prova com consulta, não tão simples como parece. Falaremos, ainda, sobre as provas de laboratório.

> **OBS.: RESPONDA SOMENTE COM VERDADEIRO OU FALSO.**
>
> **QUESTÃO 1**
> **QUEM FOI KARL MARX?**

REDAÇÕES

As redações têm sido uma forma tradicional de avaliação há muitos anos. Supõe-se que o fato de ficar sentado numa sala de prova estimulando o cérebro em busca de argumentos claros e provas convincentes durante duas ou três horas consecutivas é uma maneira válida de medir o mérito acadêmico do candidato. Pode ser que isso não esteja correto. Entretanto, a realidade é que essa forma de avaliação é muito comum e esta seção vai lhe apresentar algumas diretrizes que o ajudarão a obter um bom desempenho em redações.

LEIA E INTERPRETE A PERGUNTA COM ATENÇÃO

A primeira coisa a fazer ao tentar responder a uma questão que exige uma resposta dissertativa é se certificar de que entendeu o que foi perguntado. Isso pode parecer óbvio, mas uma leitura apressada, aliada à má interpretação da questão, costuma ser o motivo do fracasso de muitos candidatos. Certifique-se de que entendeu claramente o que foi pedido: leia a questão, releia e sublinhe as palavras-chave.

Sublinhe as palavras-chave

As palavras-chave de uma questão são os termos e os conceitos sobre os quais você deverá discorrer e indicam como você deverá responder à questão. Veja a seguir uma lista de algumas palavras específicas encontradas em provas dissertativas.

Analise. Descreva as ideias principais e as relações entre elas.

Compare. Escreva os prós e os contras ou as semelhanças e as diferenças.

Contraste. Faça uma comparação baseada nas diferenças.

Critique. Dê a sua opinião, baseada nos prós e nos contras. Criticar não significa, necessariamente, condenar a ideia. O melhor a fazer é apresentar tanto o lado positivo quanto o negativo.

Defina. Apresente o significado do termo em linguagem formal. Um exemplo irá enriquecer a sua definição.

Descreva. Faça uma descrição detalhada e precisa do evento ou fenômeno.

Discuta. Descreva o evento ou fenômeno, mas forneça os aspectos positivos e negativos. Em um ambiente universitário, é comum esperar uma discussão crítica, mencionando a importância do assunto e outras suposições, quando relevantes.

Avalie. Faça uma avaliação do assunto, citando os pontos positivos e negativos, as vantagens e desvantagens e assim por diante.

Interprete. Apresente o significado, dando exemplos e escrevendo a sua opinião.

Justifique. Apresente as causas de um determinado evento ou fenômeno. Esteja preparado para apresentar evidências que comprovem os seus pontos de vista e as suas conclusões.

Examine. Apresente um resumo dos aspectos mais importantes e faça um comentário crítico.

Resuma. Faça um apanhado geral dos pontos principais, comentando o porquê de sua relevância.

Investigue. Descreva a história, o desenvolvimento e o progresso do evento ou fenômeno.

Anote as suas ideias iniciais

Após ter lido a questão e sublinhado as palavras-chave, anote imediatamente as ideias que surgirem em sua mente. Não se preocupe com a qualidade dessas ideias, apenas as escreva. Esse processo é semelhante ao *brainstorming*, no qual a intenção é ter o maior número de ideias possível sem se preocupar com a qualidade. Nesse estágio, o que importa é a quantidade.

Organize as suas ideias

Após o *brainstorming* sobre a dissertação, identifique as ideias principais e as ideias secundárias relacionadas ao enunciado. Preste atenção às palavras de comando, como "discutir criticamente" e "avalie", por exemplo. Elas irão ajudá-lo a estruturar a sua dissertação.

Vejamos um exemplo. Suponhamos que caia a seguinte questão na sua prova de economia: "Compare e contraste as teorias econômicas de Marx e Keynes, dando atenção especial à situação econômica do país nos últimos dois anos". Depois de anotar as ideias importantes referentes às teorias de Marx e Keynes, separe aquelas que tenham a ver com a situação econômica do país nos últimos dois anos. Tente estruturá-las de forma simples e lógica, utilizando desenhos e gráficos para ajudar a organização.

Faça um esboço de sua dissertação

Após anotar suas ideias e os pontos principais e tentar estruturá-los de forma coerente e lógica, reserve uns cinco minutos para a próxima etapa – fazer um esboço. No primeiro parágrafo, introduza o assunto e deixe claro para o examinador a forma como irá estruturar a dissertação. Os parágrafos seguintes devem discorrer sobre os pontos principais. Caso esteja em dúvida sobre o que dizer, pergunte a si mesmo quais são os cinco aspectos mais importantes do assunto em questão e tente criar uma estrutura coesa com eles. Depois do esboço da introdução e do desenvolvimento da sua dissertação, reserve o último parágrafo para resumir os seus argumentos e apresentar a sua conclusão. A importância de fazer um esboço está relacionada à questão da digressão, ou seja, do desvio do tema central. Em um exercício com tempo limitado, é essencial planejar a dissertação e manter o foco. Certifique-se de não ultrapassar o tempo destinado à redação.

Redija a dissertação

De olho no relógio, você agora tem a tarefa de redigir a dissertação. Como já foi mencionado, atenha-se ao tempo estipulado para poder resolver todas as questões. Eis algumas orientações úteis para redigir uma dissertação.

Vá direto ao ponto.

No primeiro parágrafo, mostre ao examinador o que você vai falar e como irá apresentar os seus argumentos. O parágrafo introdutório a seguir pode ser apropriado para a questão sobre Marx e Keynes apresentada anteriormente.

As teorias de Marx e Keynes continuam a ter influência atualmente. Esta dissertação irá apresentar um breve resumo de suas teorias e, a seguir, os aspectos positivos e negativos de cada uma e sua relação com três fenômenos econômicos atuais: a balança comercial, a variação das taxas de juros e a inflação. Cada um desses fenômenos será analisado de forma crítica, primeiro em relação à teoria de Keynes e, depois, em relação à teoria de Marx. A conclusão irá mostrar qual teoria parece ter maior valor prático para a situação econômica que o país vem enfrentando há dois anos.

Ao ler esse parágrafo introdutório, o examinador se sentirá aliviado e satisfeito ao perceber que a dissertação foi bem planejada e organizada. Ao ir direto ao ponto e mostrar como irá desenvolver as suas ideias, você estará causando uma impressão positiva.

Concentre-se nos pontos principais que deseja apresentar.

Após escrever o parágrafo introdutório, tente dedicar um parágrafo para cada uma de suas ideias principais. Cada parágrafo pode ser introduzido por uma ideia principal e as ideias secundárias podem vir a seguir, ajudando a ilustrar e exemplificar a ideia principal.

Use sentenças de transição.

Para ajudar o examinador a acompanhar a sua linha de raciocínio, é recomendável o uso de frases de transição que liguem uma ideia a outra e tornem a dissertação mais fluente. Elas também podem representar o papel de "placas" que indicam ao examinador o que você já fez e para onde está indo.

Vejamos o exemplo de uma frase em meio à redação: "Levando-se em consideração os fenômenos econômicos atuais, a balança comercial e as variações nas taxas de juros, a situação atual da inflação pode ser considerada...". As palavras de transição no começo da frase informam ao leitor que você já comentou os dois primeiros aspectos e que irá comentar o terceiro em seguida. Ao fazer uso das palavras de transição, você facilita o trabalho do examinador – e, quanto mais ajudá-lo, mais chances terá de obter bons resultados.

Empregue a linguagem do examinador.

Suas notas não dependem apenas do quanto você sabe, mas também de como demonstra o que sabe. Em uma dissertação, deve-se prestar atenção a vários aspectos: à organização do texto como um todo, à estrutura dos parágrafos e até à escolha das palavras. Parece cuidado excessivo? Talvez, mas faça essa pergunta a um publicitário de sucesso, e ele irá confirmar a importância da linguagem no marketing de um produto – no seu caso, você está tentando vender o conteúdo da sua dissertação.

Uma estratégia muito utilizada por vários experts em marketing e vendas é a adoção da mesma linguagem utilizada pelo público-alvo. Essa estratégia utilizada no setor comercial também pode ser transferida para o meio acadêmico. Por exemplo, se o seu examinador costuma utilizar expressões como "a análise das suposições mostra que..." ou "uma avaliação crítica das consequências sugere que...", utilize os mesmos tipos de expressão em suas respostas. Tenha cuidado para não abusar – copiar estilos não é uma receita automática para o sucesso.

Resuma o argumento utilizando expressões contidas na questão.

No final da dissertação, é necessário resumir o seu argumento. Uma maneira de não se desviar do assunto é utilizar expressões empregadas na formulação da questão. Assim, o examinador verá que você discorreu sobre o assunto de maneira organizada.

Revise a sua dissertação

Terminada a dissertação, faça uma revisão a fim de identificar possíveis erros. Pode ser que você descubra frases ambíguas, facilmente corrigíveis. Certifique-se de que a sua dissertação está clara e legível. De nada irá adiantar um conteúdo impecável, se a letra estiver indecifrável. Lembre-se de que o examinador terá que ler muitas dissertações. Se sua dissertação estiver na última pilha e, ainda por cima, desorganizada e ilegível, imagine qual será a reação do examinador.

Tente responder a todas as questões

Tente escrever, mesmo se achar que não domina o assunto. Muitas pessoas cometem o erro de desistir facilmente quando se deparam com uma questão que parece estar acima de sua compreensão. A verdade é que não tem como ganhar pontos deixando questões em branco. Mesmo que você não consiga fundamentar um argumento com fatos e detalhes, faça uma lista dos pontos principais que se aplicam à questão. Pode ser que você não tenha sucesso, mas é possível que um examinador compreensivo ou cansado lhe conceda alguns pontos por seu esforço. Afinal, isso é melhor do que nada.

Pratique suas técnicas de redação

Acabamos de ver que é muito importante usar o raciocínio lógico e ser organizado na hora de escrever. Essas são qualidades muito importantes, mas você deve estar se perguntando: "Como posso me tornar mais lógico e mais organizado nas provas, ainda mais sob os olhares atentos dos fiscais de sala e sob a pressão do tempo?" A resposta é: pratique. Caso tenha pouca experiência com provas, procure ler as redações feitas por outras pessoas em concursos anteriores, principalmente as dos melhores alunos. Caso não seja possível consultar provas passadas, tente praticar a sua redação. Peça a um colega para elaborar várias questões. Em uma sala desocupada, trabalhe nas respostas sob as mesmas condições que existem em uma prova. O seu colega poderá lê-las, fazer observações construtivas e até mesmo lhe dar uma nota.

QUESTÕES QUE PEDEM RESPOSTAS OBJETIVAS

Esse tipo de questão pode pedir para você completar sentenças com frases curtas ou escrever vários parágrafos sobre um determinado assunto. O que se quer, nesse tipo de questão, são respostas breves e concisas. Caso tenha que escrever vários parágrafos sobre um certo tema, você pode encarar esse exercício como uma minidissertação. Utilize as estratégias descritas na seção anterior, mas reduza a quantidade de exemplos. O examinador quer verificar o que você sabe. Vá direto ao ponto e não enrole. Tente utilizar termos e expressões da área em questão. Você pode até sublinhar ou destacar algumas palavras, para chamar a atenção do examinador.

QUESTÕES DE MÚLTIPLA ESCOLHA

Nos últimos anos, houve um considerável aumento na quantidade de testes de múltipla escolha. A popularidade desse tipo de teste pode ser explicada pela facilidade com que os resultados são analisados, uma vez que são utilizadas folhas de resposta computadorizadas. Depois que as questões foram elaboradas, o examinador só precisa esperar que o computador faça o trabalho de correção por ele. Parece fácil, mas o tempo que se economiza para corrigir é gasto no tempo necessário para formular questões claras e sem ambiguidade. Para o candidato, questões de múltipla escolha podem causar ansiedade, medo e até mesmo pânico. Essas reações são geradas pela falta de preparação adequada. No entanto, até mesmo candidatos bem preparados consideram esse tipo de teste confuso. A seguir, algumas dicas para ajudá-lo a se preparar e a se dar bem nos testes de múltipla escolha.

Preparação

A maioria dos alunos que teve que enfrentar testes de múltipla escolha irá aconselhá-lo a estar bem familiarizado com a matéria. Diferentemente do modelo de provas dissertativas, em que você talvez possa escolher quais quer responder e nas quais tem a oportunidade de explicar suas ideias, os testes de múltipla escolha são muito mais diretos e restritivos. Não há espaço para explicação – ou está certo, ou está errado. Não existe meio-termo. No entanto, se não houver penalização em caso de resposta errada, chute a resposta, já que você tem possibilidade de acertar.

A preparação para os testes de múltipla escolha deve ser feita de maneira sistemática, diária e semanalmente. Revise as suas anotações várias vezes – cinco ou seis vezes, a fim de fixar bem fatos, números, datas e conceitos em sua mente. Não é suficiente estar apenas familiarizado com o conteúdo: você precisa conhecê-lo bem a ponto de conseguir escrever sobre o assunto. Se não consegue escrever, é porque não o conhece bem o suficiente! Para uma explicação mais detalhada sobre como sistematizar a sua revisão, consulte os capítulos 1 e 8 deste livro. Além de conhecer a fundo a matéria, obtenha o máximo de informações sobre a prova – a quantidade de questões, o peso atribuído a cada uma, condições especiais e assim por diante. Faça perguntas sobre a prova ao professor e a outras pessoas que já a realizaram.

Começando o teste de múltipla escolha

Caso o teste de múltipla escolha inclua uma folha de respostas, você terá que preencher os espaços destinados à identificação do candidato. Consulte o capítulo 9 para mais informações a respeito.

O próximo passo importante antes de começar a responder às questões é ler as instruções com cuidado. Preste atenção especial à folha de respostas a fim de não cometer o erro comum de preencher os espaços errados. Muitas pessoas descobrem apenas no fim que estão com um espaço de sobra por terem assinalado o quadro destinado à questão 81, por exemplo, ao responder à de número 80. Caso constate que cometeu esse tipo de erro, chame um fiscal e pergunte o que pode ser feito. Talvez você possa preencher outra folha, mas não conte com isso. Confira as respostas antes de transcrevê-las para a folha e evite esse tipo de erro.

Fazendo a prova

Para fazer justiça a sua preparação, oferecemos várias recomendações que poderão ajudá-lo a se sair bem nos testes de múltipla escolha.

- Preencha completamente o espaço para respostas.
- Apague bem os erros.
- Cuidado para não assinalar duas respostas para a mesma questão. O computador que faz a correção é programado para anular questões com mais de uma resposta.
- Certifique-se de que está assinalando a resposta no espaço correto.
- Faça a prova de maneira rápida, mas cuidadosa. Resolva primeiro as questões mais fáceis.
- Marque as questões que você deseja ler de novo mais tarde, mas cuidado para não deixar marcas que se confundam com respostas.
- Faça qualquer anotação que considerar necessária no caderno de prova para rever mais tarde.
- Sublinhe as palavras-chave no caderno de prova. Palavras como todos, muitos, alguns, nenhum, sempre, às vezes, nunca, mais, menos, melhor e pior são exemplos de palavras-chave que podem ajudá-lo a interpretar a questão.

Relendo as questões e alterando as respostas

A questão da alteração de respostas em testes de múltipla escolha tem sido cuidadosamente analisada. Como resultado, essas análises sugerem que, se você tem uma boa razão para alterar a resposta ou uma forte sensação de que outra alternativa está correta, não hesite em mudá-la. Os estudos mostraram que os candidatos que alteram as respostas usando esse critério têm duas vezes mais chances de mudar de uma alternativa errada para uma alternativa correta do que o oposto.

Chutando na prova

Se você seguiu os conselhos deste livro, já terá verificado se vai ser penalizado em caso de erro, ou seja, se uma resposta errada anula uma certa, por exemplo. Caso seja esse o caso, você pode estar diminuindo a sua nota final ao chutar questões sobre as quais esteja em dúvida. Por outro lado, se não houver penalidade em caso de erro, você está desperdiçando a chance de acertar caso deixe a questão em branco. Se não tem ideia de qual seja a resposta e todas as alternativas parecem corretas, você tem um problema para resolver: selecionar uma alternativa de (a) a (e). Marcar a alternativa (b) para todas essas questões é uma boa opção. As alternativas (a) e (e) estão na extremidade, (c) está no meio, e (b) está mais próximo do início do que (d). Se você tiver alguma razão convincente para outra resposta, assinale-a.

Colando na prova

O surgimento de testes de múltipla escolha parece ter promovido uma melhora na visão de longo alcance dos candidatos. Em outras palavras: quem faz testes de múltipla escolha se sente tentado a dar uma espiada nas respostas do colega sentado perto dele (supondo, é claro, que o vizinho seja considerado mais inteligente e estudioso).

Os examinadores foram rápidos em contra-atacar esse problema. Foram criadas versões semelhantes das provas em que as folhas de resposta são impressas em ordem diferente a fim de confundir prováveis adeptos da cola. Além disso, os fiscais de prova ficam perambulando pela sala, atentos a qualquer movimento suspeito. Em vez de correr o risco de ser pego em um incidente constrangedor e prejudicar seu futuro profissional, invista tempo em sua preparação. Em outras palavras: desista de colar. Além das implicações morais, você pode acabar descobrindo que os seus colegas sabem menos que você.

Conferindo a folha de respostas

Antes de entregar a prova, reserve um tempo para checar a folha de respostas e conferir se todas as questões foram respondidas e se as respostas foram assinaladas no espaço correto. Apague qualquer marca a mais feita na folha, pois ela poderá ser interpretada como uma resposta pelo computador. Lembre-se de conferir se os dados de identificação do candidato estão exatos.

TESTES DE VERDADEIRO OU FALSO

À medida que os testes de múltipla escolha ficaram mais populares, parece que as questões do tipo falso verdadeiro passaram a ser menos usadas. Talvez isso ocorra porque os testes de múltipla escolha sejam, no fundo, testes de V ou F, mas permitem que o examinador avalie o conhecimento do candidato de maneira mais precisa. Ao responder a questões de V ou F, os mesmos princípios apresentados anteriormente podem ser aplicados. O candidato deve prestar atenção às palavras-chave. Como há uma probabilidade de 50% de acertar a questão em provas do tipo falso ou verdadeiro, geralmente há penalização em caso de erro (uma resposta errada anula uma certa, por exemplo). Tente descobrir isso, antes de começar a prova.

QUESTÕES DE ASSOCIAÇÃO

Nesse tipo de questão, há duas colunas, e o candidato deve fazer a associação entre as palavras de cada uma. Ao encontrar questões desse tipo, leia rapidamente as duas colunas a fim de ter uma ideia geral dos itens. A seguir, na coluna da esquerda, identifique os itens que você acha que conhece bem e procure o item correspondente na coluna da direita. Após fazer os itens mais fáceis, passe para o restante. Caso fique "empacado", tente resolver os itens restantes de maneira inversa – ou seja, comece lendo os itens da coluna da direita e tente achar os itens correspondentes na coluna da esquerda. Se ainda restarem vários itens em branco no final, chute (a não ser que haja penalidade em caso de erro).

PROVAS COM CONSULTA

Uma nova forma de avaliação é a prova com consulta. Nesse tipo de avaliação, os candidatos podem consultar livros e anotações durante a prova. Há quem ache que estudar para esse tipo de prova é desnecessário. Mas não é bem assim. Por mais atraente que a ideia possa parecer, a prova com consulta exige que o candidato conheça a matéria tão bem quanto para um exame tradicional. Você terá de saber quais são os tópicos principais, as associações entre eles e, sempre, onde encontrar o material de consulta em suas notas. Em geral, não há tempo suficiente durante a prova para ficar folheando os livros e anotações à procura de determinadas informações.

A única vantagem em fazer uma prova com consulta é que se poderão verificar detalhes. Em vez de decorar vinte fórmulas e imensas listas de dados, basta saber onde encontrar essas informações em seu material de estudo. No entanto, prepare-se com tanto cuidado como se fosse fazer uma prova tradicional.

A desvantagem reside no fato de que o examinador talvez espere mais qualidade nas respostas. Não se deixe enganar por uma sensação de falsa confiança por esse tipo de prova. Prepare-se da mesma maneira que faria para uma prova sem consulta.

PROVAS DE LABORATÓRIO

Para os estudantes de ciências, as provas de laboratório podem apresentar um enorme desafio. Eles têm que verificar espécime por espécime, ir de um microscópio a outro, identificar várias amostras. Às vezes, é preciso responder a questões específicas relacionadas a uma determinada amostra. Como o tempo destinado a cada espécime é limitado, a pressão pode ser grande.

Ao se preparar para esse tipo de avaliação, você deve revisar todos os seus experimentos feitos em laboratório e todo o seu material. É importante estudar muitos espécimes diferentes, a fim de se familiarizar com as diversas variações. Observe o espécime de vários ângulos diferentes. Anote as cores, as texturas, as formas e os tamanhos. Quanto mais familiarizado estiver com os espécimes, melhor. Estude em grupo e faça simulados com os colegas.

Aí vão algumas sugestões práticas para os que fazem provas práticas com microscópio. Só toque no espécime ou na lâmina se for permitido. Se achar que o espécime está mal posicionado, chame o fiscal de prova imediatamente. Caso use óculos, verifique se estão limpos. Essa não é a melhor hora para ficar com a visão embaçada. Caso tenha pulado questões em sua folha de respostas, tome cuidado para não marcar a resposta no lugar errado.

Provas de laboratório exigem muitas horas de preparo no laboratório. Como ele costuma ficar aberto poucas horas por dia, é muito importante se preparar e fazer revisões constantes. Se deixar para fazer a revisão nos últimos dias, poderá descobrir que não tem tempo suficiente para se preparar de forma adequada. Você também poderá enfrentar a competição dos outros estudantes, caso todos resolvam examinar o mesmo espécime na mesma hora. Os últimos dias são ideais para fazer uma última revisão geral e fixar o conteúdo em sua mente – não para organizar a primeira revisão!

RESUMO

As provas variam bastante em formato, estilo, procedimentos e ambiente (de auditórios a laboratórios). Faça uma preparação de acordo com o tipo de prova e, se possível, converse com pessoas que já fizeram a prova ou leia provas passadas. O objetivo é começar a revisão com antecedência e garantir que saiba bem a matéria.

Apêndice

PROVAS NO ENSINO MÉDIO

❧ Comece a se preparar para as suas provas com antecedência coletando informações sobre provas passadas. Após dar uma lida em provas anteriores e ter conversado com quem já fez a prova, você será capaz de reconhecer os assuntos sobre os quais se poderão elaborar questões.

❧ Não deixe de fazer revisões semanais, a fim de repassar as anotações da semana. Reserve um tempo para essa revisão, de modo que ela se torne um hábito. Revisões semanais são a melhor forma de manter a tranquilidade durante a prova, pois você vai ter certeza de que sabe a matéria, já que realizou revisões periódicas durante o ano inteiro.

❧ Se não consegue ter muita disciplina, combine reunir-se com um colega responsável para fazerem a revisão juntos. Tentem não se desviar do objetivo.

❧ Aconselho aos que resolverem começar a estudar na última hora montar uma programação que permita a realização de várias revisões. Na primeira revisão, concentre-se nos pontos principais. Depois de ter relido suas anotações com atenção, revise-as novamente, desta vez dando preferência a pontos secundários e a detalhes. Se houver tempo, leia em voz alta, repita e escreva os pontos principais. Se conseguiu escrever sobre o assunto, significa que sabe a matéria.

❧ Caso tenha enfrentado problemas de ansiedade e nervosismo em provas anteriores, procure o orientador da escola ou converse com um psicólogo no início do ano a fim de ter tempo para se dedicar ao problema. Leia o capítulo 6 deste livro para aprender algumas técnicas de relaxamento.

- Descanse bastante nas semanas que antecedem as provas para estar com a mente alerta durante esse período.
- Prepare-se para as provas de acordo com a matéria. Dê prioridade para a resolução de problemas ao estudar matemática e para redação ao estudar matérias de humanas. Revise os exercícios de laboratório, no caso de ciências, e se certifique de que sabe interpretar gráficos, para as matérias de ciências sociais.
- O programa da disciplina serve como um guia para a sua revisão. Certamente, os assuntos listados no programa serão tema da prova.
- Evite respostas prontas que irá reproduzir na prova automaticamente. O examinador reconhece rapidamente dissertações que fogem aos assuntos específicos citados nas perguntas. Lembre-se de que você deve demonstrar a sua habilidade em interpretar as questões, organizar as ideias e escrever de forma clara, concisa e lógica.
- Caso redação não seja o seu forte, comece a praticar desde o começo do ano a fim de aperfeiçoar a sua técnica. Pergunte aos professores se podem corrigir minirredações e lhe dar sugestões de como melhorar seu estilo. Escrever bastante é a única maneira de aperfeiçoar a sua redação.
- Converse com professores e colegas sobre que diferenças esperar nas provas. É preciso saber se é permitido usar títulos nas dissertações de ciências ou se é possível usar a calculadora para resolver problemas de matemática. Caso seja permitido usar calculadora, pergunte se é necessário anotar todos os cálculos no papel a fim de mostrar seu raciocínio.
- Organize-se com antecedência e se certifique de que revisou todo o programa. Tenha consciência de seus pontos fortes e fracos e estude levando-os em consideração. Melhorar as suas habilidades e proceder à revisão com determinação, disciplina e organização irão ajudá-lo a obter bons resultados.

PROVA ORAL DE MEDICINA

A prova oral de Medicina é uma forma de avaliação utilizada para analisar as habilidades de diagnóstico e comunicação de estudantes e médicos recém-formados que são candidatos à especialização. Geralmente, essa forma de avaliação exige que o candidato examine vários pacientes, um de cada vez, e responda a uma série de perguntas elaboradas por uma banca examinadora. A seguir, alguns conselhos de estudantes que já passaram por esse tipo de avaliação.

∾ Certifique-se de acompanhar várias aulas práticas com os professores do hospital antes da data da prova.

∾ Treine o raciocínio rápido e claro com colegas por meio de provas orais simuladas.

∾ Não pense que a ausência de feedback positivo por parte da banca examinadora significa mau desempenho. Muitos examinadores permanecem impassíveis durante a avaliação.

∾ Os candidatos que conseguem fazer uma série de observações construtivas mantêm o controle da prova. Forneça informações relevantes aos examinadores (principalmente sobre os assuntos que domina) e não espere que eles peçam mais detalhes.

∾ Não invente testes e procedimentos cujo uso não possa justificar. Caso não consiga responder a uma questão, diga que não sabe e pergunte à banca se ela pode formular outra questão.

∾ Se a timidez é um problema, pratique a sua apresentação na frente de colegas que irão assumir o papel dos examinadores durante a simulação. Aprenda a lidar com a timidez – não evite o problema, fingindo que ele não existe.

∾ Estabeleça uma rotina para examinar o peito, o abdômen e assim por diante. Adote uma atitude positiva e seja minucioso, mas não desperdice o tempo dos examinadores sendo retórico demais.

∾ Organize as informações de forma sistemática. Um determinado fato pode trazer à mente outras questões a ele relacionadas.

∾ Não fique atrás do grupo nas visitas às alas do hospital na esperança de não ser chamado. Aprenda com as suas tentativas e os seus erros. Fique visível, demonstre desejo de participar e esteja preparado para pensar sob pressão.

∾ Caso ache que corre o risco de fracassar, procure ajuda dos médicos do hospital.

∾ Tente prever os tipos de casos que farão parte de sua avaliação e pratique com seus colegas.

∾ Se lhe fizerem uma pergunta ambígua, peça mais esclarecimentos ou que ela seja reformulada.

∾ Não responda com pressa – pense com cuidado na questão formulada e apresente uma resposta bem organizada.

∾ Caso você tenha dado uma resposta incorreta e apressada, pergunte imediatamente se pode elaborar outra resposta.

∾ Caso esteja em dúvida sobre uma determinada questão, comece com um ponto de vista geral, mas relevante, e passe para uma resposta mais específica. Enquanto consegue tempo para pensar, fique atento para não dar a impressão de estar desperdiçando o tempo da banca.

∾ Não se assuste caso o examinador faça uma pergunta fácil demais. Responda normalmente.

∾ Enfrente a avaliação com expectativa de passar. Seja otimista! Lembre-se de todas as vezes em que teve um bom desempenho em avaliações. Tenha uma atitude positiva!

∾ Comece a se preparar com antecedência. Aprimore a capacidade de pensar de forma rápida e lógica. Assegure-se de que conhece o básico e que tem em mente todas as listas, características e testes necessários para as queixas mais comuns dos pacientes.

∾ Não imagine que poderá responder a todas as questões da prova. Não é raro perguntas muito difíceis serem usadas para diferenciar os excelentes candidatos dos bons. Os simples mortais que costumam ter um desempenho mediano podem ficar traumatizados com as questões bem difíceis.

∾ Atenção para as suas roupas. Apresente-se de maneira profissional. Essa não é a hora apropriada para se vestir de maneira extravagante.

∾ Prepare-se para entrar na sala e tente parecer o mais confiante e profissional possível. Ensaie o jeito de andar, a postura e outras técnicas de comunicação não verbal.

∾ Embora a "atuação" desempenhe um papel na prova oral, o que realmente importa para o examinador é se você possui um bom conhecimento e se sabe aplicá-lo. Preocupe-se em fazer uma boa preparação. Faça uma revisão semanal, a fim de se sentir confiante na hora da avaliação.

TESTES PARA TV, TEATRO, ETC.

∾ Entre em contato com o teatro, a agência, a escola ou a instituição onde vai fazer o teste para obter os detalhes importantes o quanto antes (data, hora e local dos testes e o texto que deverá ser preparado).

∾ Tente saber quem irá avaliar a sua performance. Qual é o currículo dessa pessoa? Quais são as preferências dela? Do que ela não gosta? Qualquer informação sobre os jurados irá ajudá-lo na sua preparação.

∾ Caso haja tempo, converse com amigos e colegas que já trabalham na área e peça conselhos sobre o material que vai apresentar.

༄ Visite o local do teste a fim de se familiarizar com o ambiente e com problemas referentes ao espaço (por exemplo, palco pequeno, barulho, iluminação fraca). Tente ajustar a sua performance a essas condições.

༄ Faça uma preparação cuidadosa e ensaie bastante. Quanto mais preparado você estiver, mais tranquilo e confiante vai se sentir.

༄ No dia anterior ao teste, faça uma apresentação para amigos e colegas que entendam do assunto. Peça que façam críticas construtivas e detalhadas da sua performance.

༄ Faça qualquer modificação que achar necessária após ouvir as críticas de seus amigos e colegas.

༄ Depois de ensaiar bastante, tenha uma boa noite de sono antes do teste. Leia os capítulos 6 e 7, que tratam de controle de ansiedade e pensamento positivo, a fim de superar o nervosismo excessivo.

༄ Chegue antes da hora marcada para ter tempo suficiente para se aquecer. Fazer alguns exercícios pode ajudá-lo a soltar o corpo e liberar a tensão.

༄ Se você assistir à performance dos outros candidatos enquanto espera sua vez, tenha cuidado ao fazer comparações. Se a sua mente se desviar do pensamento positivo, diga a si mesmo: "Estou bem preparado e sei que vou fazer uma ótima apresentação!"

༄ Caso o medo e o nervosismo tomem conta de você, feche os olhos, respire fundo e solte o ar, dizendo "Relaxe!" para si mesmo.

༄ Quando você for chamado, espere alguns segundos antes de se levantar. Acalme-se mental e fisicamente. Respire fundo.

༄ É possível que em alguns testes você seja interrompido durante a apresentação. Os comentários feitos durante essa interrupção podem ser bem colocados, mas também podem ser negativos. Ouça as observações feitas e não leve as críticas para o lado pessoal.

༄ Caso não tenha obtido sucesso em seu teste, entre em contato com a agência para marcar uma entrevista alguns dias depois. Pergunte como pode melhorar a sua performance ou a sua técnica.

ENTREVISTA DE EMPREGO (UMA FORMA DE AVALIAÇÃO ORAL)

༄ Ao ser chamado para uma entrevista de emprego, confirme com o entrevistador a data, o horário e o local da entrevista. Durante o telefonema, tente descobrir quem irá entrevistá-lo.

∾ Após o telefonema, comece a coletar informações a respeito da empresa e do entrevistador. Se for o caso, tente arranjar os relatórios anuais dos últimos três anos e outros documentos da empresa, a fim de ficar a par das atividades atuais e dos planos para o futuro. Tente ficar bem informado a respeito da empresa e do entrevistador.

∾ Caso tenha dúvidas sobre o cargo ou caso queira conhecer a pessoa para quem irá trabalhar, tente marcar um encontro informal com essa pessoa antes da entrevista. Você provavelmente irá se sentir mais tranquilo numa conversa direta e, consequentemente, terá maiores chances de causar uma boa impressão. Essa atitude também demonstra entusiasmo e sagacidade.

∾ Anote as perguntas que você acha que podem ser feitas pelo entrevistador durante a entrevista. Peça a um amigo para ensaiar a entrevista com você. É importante que seja capaz de responder de forma natural e fluente, e não automática. Veja possíveis perguntas na lista a seguir.

– Por que você deseja trabalhar para esta empresa?
– Qual é a sua experiência no cargo?
– Que outros empregos você está considerando no momento?
– Quais são as suas habilidades?
– Qual é a sua formação acadêmica e como ela o torna preparado para assumir o cargo?
– Por que você saiu de seu emprego anterior?
– Quais são as características que o tornam um excelente candidato ao cargo?
– Que posição você pretende ocupar daqui a cinco anos?
– Caso seja necessário, o que você acha de ter que viajar a trabalho ou mesmo mudar de cidade?
– O que você mais valoriza em um trabalho?
– Pode ser que tenha que fazer hora extra e trabalhar nos fins de semana. Você acha que isso irá atrapalhar a sua vida pessoal?
– Quais são os seus hobbies e o que gosta de fazer no seu tempo livre?
– Na sua opinião, que características pessoais podem prejudicar o seu trabalho?
– Que qualidades limitaram ou melhoraram o seu desempenho em empregos anteriores?
– Se pudesse determinar seu salário para esse emprego, quanto iria pagar a si mesmo?

– Se você fosse o entrevistador, qual imagem teria de si mesmo como um aspirante ao cargo?
– Você gostaria de nos fazer alguma pergunta?

∾ Verifique com amigos e colegas de trabalho como se vestir para a entrevista. O cabelo também merece atenção. Lembre-se: a aparência é o primeiro cartão de visitas numa entrevista. Dê atenção especial a ela.

∾ Prepare uma lista de perguntas, caso seja feita a clássica pergunta: "Você deseja fazer alguma pergunta?" Ao consultá-la durante a entrevista, você vai mostrar que se preparou com afinco. Caso não tenha dúvidas, diga: "Não, todas as minhas dúvidas já foram sanadas." Pense duas vezes antes de perguntar sobre férias, licenças e benefícios, pois poderá ser mal interpretado pelo entrevistador. Haverá tempo suficiente para se informar sobre esses detalhes depois que lhe oferecerem o cargo.

∾ Responda de maneira pausada para não se perturbar com perguntas totalmente inesperadas. O tempo está a seu favor. Usar alguns segundos para pensar pode criar a impressão de que você tem confiança para controlar a si e ao tempo.

∾ Faça entrevistas simuladas para recuperar o controle em instantes de ansiedade, respirando devagar e profundamente.

∾ Pratique manter contato visual adequado com o entrevistador durante entrevistas simuladas.

∾ No dia da entrevista, saia bem cedo, para que contratempos (pneu furado, desvio na pista) não o atrasem.

∾ Leve caneta e papel para fazer anotações.

∾ Leve alguma leitura interessante para não ficar ansioso por longos períodos antes da entrevista.

∾ Antes de ser chamado para a sala da entrevista, verifique se o seu cabelo e a sua roupa estão em ordem.

∾ Ao ser chamado, entre na sala com uma atitude positiva e confiante. Ensaie o seu comportamento com um amigo e peça-lhe que faça observações.

∾ Durante a entrevista, cuidado para não escorregar na cadeira, dando a impressão de que está "relaxado demais". A sua linguagem corporal (contato visual, gestos, postura, expressões faciais) transmite continuamente informações importantes ao entrevistador.

- Após a entrevista, analise os pontos positivos e negativos da conversa, a fim de tentar melhorar a sua performance, caso não seja escolhido para o cargo.

EXAME DE AUTOESCOLA

- Informe-se sobre as leis de trânsito e o exame prático com as autoridades de sua cidade.
- Procure uma cópia das leis de trânsito em que vai se basear o teste escrito.
- Estude as leis e regras com atenção.
- Contrate um instrutor. Caso um parente ou amigo se oferecer para dar aulas, analise sua competência.
- Em geral, será mais barato aprender com um amigo, mas você poderá também adquirir maus hábitos.
- Pratique as manobras que deverá realizar no exame.
- Encontre um local fácil e outro difícil para praticar cada tipo de manobra. É mais fácil fazer um retorno em uma rua plana e larga do que em uma ladeira estreita. Pratique estacionar de ré em ruas planas e em ladeiras.
- No início de seu aprendizado, dirija em ruas com pouco ou nenhum tráfego.
- Dê uma recompensa a si mesmo depois de cada nova técnica aprendida.
- Caso não tenha conseguido realizar uma manobra, peça ao instrutor que a explique passo a passo.
- Quando não estiver dirigindo, mentalize tudo o que você deve fazer em uma determinada manobra. Imagine-se no banco do motorista e visualize todas as etapas, uma por uma. Na próxima aula, sua mente, suas mãos e seus pés estarão em perfeita sincronia.
- Tente preservar o bom humor. A irritação ao volante não é nada produtiva.
- Se você se sentir tenso e nervoso, respire fundo e solte o ar devagar. Diga a si mesmo "Relaxe!"
- No dia do exame, mantenha a mente ocupada para que você não tenha tempo de se preocupar.
- Evite tomar muito chá ou café antes do exame. Cafeína em excesso (mais de duas ou três xícaras) pode atrapalhar e, além disso, deixa a sua bexiga cheia.

◈ Se você começar a se preocupar, diga a si mesmo: "Pare!" Substitua um pensamento negativo por um positivo, como "Eu estou indo bem!"

◈ Caso esteja nervoso ao se encontrar com o examinador, diga-lhe a verdade. Essa não será uma situação nova para ele. Conversar (e mesmo rir) pode ajudá-lo a se sentir mais tranquilo.

◈ É quase certo que fumar dentro do carro não será permitido.

◈ Se você não for bem em alguma manobra, pergunte ao examinador o que fez de errado. Pode ser que você tenha a chance de repeti-la em outro trecho do percurso.

◈ Caso sua mente e seu corpo não estejam bem, peça ao examinador para sair do carro, a fim de respirar ar fresco e fazer um alongamento. Alongar e soltar o corpo, balançando as mãos, os braços, as pernas e os pés irão ajudá-lo a liberar a tensão acumulada. Respire fundo e volte ao carro.

◈ Durante o exame e antes de executar manobras difíceis, pare alguns segundos antes de começar a manobra, a fim de mentalizar todas as etapas.

◈ Se costuma ficar com a boca seca durante situações de estresse, leve uma garrafa de água com você.

◈ Caso seja reprovado, não deixe que isso o deprima ou destrua a sua confiança. Analise o que aprendeu durante o exame e planeje usar esses novos dados na próxima tentativa.

◈ Se a falta de coordenação motora e a ansiedade são problemas graves para você a ponto de provocarem uma reprovação, pense em consultar um psicólogo.

A arte de marcar X
Autor: Paulo César Pereira

POR QUE PRESTAR CONCURSOS PÚBLICOS

Pelas contas do IBGE, um jovem de 20 anos deve viver mais uns 60 anos. Durante esses 60 anos, a sua renda total será de aproximadamente R$ 300.000,00 (salário mínimo + aposentadoria). Caso esse mesmo jovem consiga passar no concurso da CAIXA ou do Banco do Brasil, por exemplo, seguramente ganhará em torno de R$ 30.000,00 por ano, totalizando R$ 1.800.000,00 nos seus 60 anos de assalariado. Portanto, a diferença entre um bom emprego e um emprego de salário mínimo é de R$ 1.500.000,00 (um milhão e quinhentos mil reais). Nada mal!

Para ganhar um salário mínimo mensal, ele terá que trabalhar de 40 a 44 horas semanais. No setor bancário, a carga horária é de 30 horas por semana! Acredito que o melhor investimento que os jovens podem fazer são os estudos e o conhecimento, especialmente a preparação para concursos públicos. Minha contribuição para isso foi o desenvolvimento de uma série de estratégias capazes de aumentar a probabilidade de se obter sucesso nesses exames.

Felizmente para todos os brasileiros, os concursos públicos vêm sendo organizados por grandes e respeitadas instituições, o que aumenta a transparência e credibilidade dos resultados. Isso vem tornando os exames mais seguros e mais acreditados.

BASTA ESTUDAR?

Na escola, nos ensinam que basta um bom estudo para alcançarmos sucesso em vestibulares e concursos. Talvez não seja bem assim. Estudar com dedicação e inteligência é imprescindível, mas pode não ser o bastante.

Para chegar às melhores classificações nas provas sugiro que vá além disso. Sugiro que compreenda detalhadamente o processo de avaliação e analise os editais e provas já aplicadas. Além disso, uma boa dica é fazer bom uso da hermenêutica (a arte de interpretar o sentido das palavras em textos e leis) e das Técnicas de Chute.

Um ótimo conselho: tente inverter a ordem natural dos estudos. Quando muitos estudam o conteúdo e depois partem para as provas, você pode ir diretamente para elas (por meio de simulados e provas passadas). Com um bom diagnóstico da situação, será mais fácil verificar o que e quanto é preciso estudar de cada matéria. Sugiro também que você se fundamente nos critérios de eliminação e classificação do edital do concurso e nas notas dos simulados (provas que se podem obter na internet[1]).

Há casos, como o BB3 2007 (concurso do Banco do Brasil em 2007), em que era necessário estudar apenas a matéria específica, pois era ela quem eliminava o candidato. Se você obtiver uma boa nota na prova específica, as chances de ser convocado são maiores, pois o grau de eliminação é muito alto. Por isso, para esse tipo de concurso, aconselho meus alunos a deixarem em segundo plano o português, a matemática, a informática e os conhecimentos gerais. A estratégia deu certo para o BB3 2007: duas convocações num grupo de dez pessoas, em apenas oito meses de estudo.

Já no caso da CAIXA 2008 aconteceu o inverso. A nota de corte era muito baixa. Era necessário estudar todas as matérias. A meta era atingir uma boa classificação, já que a eliminação era muito pouco provável.

Para um bom diagnóstico de uma questão em uma prova ou concurso, podemos usar então:

∾ o conhecimento adquirido ao longo dos anos;
∾ sofisticadas técnicas de interpretação de texto, inclusive buscando inspiração na hermenêutica jurídica;
∾ as populares Técnicas de Chute.

QUANDO USAR AS TÉCNICAS DE CHUTE?

O conselho geral diz que as Técnicas de Chute podem ser usadas quando o candidato não sabe a resposta.

---

[1] DICA: neste site, as provas não param de chegar. Em julho de 2009, havia mais de 18.000 provas. É um farto material para você estudar para concursos: http://www.pciconcursos.com.br/provas/

Inovando, recomendo o seu uso para todas as questões, como uma ferramenta extra para ajudar no diagnóstico do que está certo ou errado. Agora mais úteis, as velhas Técnicas de Chute foram revistas e ampliadas, ganhando nova dimensão.

O FATOR SORTE

As avaliações nem sempre são perfeitas; às vezes os melhores não são aprovados. O acaso atua de maneira significativa. Os examinadores estão cientes do problema e tentam diminuir essa possibilidade.

Por que o Cespe/UnB (organizadora de concursos públicos da Universidade de Brasília) utiliza o critério "uma resposta errada anula uma certa"? Para descartar a possibilidade de acerto ao acaso. A intenção é selecionar o candidato que sabe analisar, interpretar e responder a partir do que aprendeu e descartar o acerto pelo "chute". O Cespe diz em seu site (www.cespe.unb.br/perguntasfrequentes) que a anulação de um item correto para cada resposta incorreta é uma garantia maior de que a classificação no processo se deve ao desempenho individual do candidato, e não à sorte.

A intenção do Cespe é louvável, mas os resultados alcançados podem ser discutíveis. Com uma estratégia totalmente oposta, aconselho o chute sempre. É uma posição totalmente diferenciada que pode permitir ao candidato obter uma nota maior do que a que somente os estudos, normalmente, levariam. As Técnicas de Chute podem ajudar a acertar questões sobre as quais você nada ou pouco sabe e ainda se livrar de cair em armadilhas nos itens que domina.

QUANDO CHUTAR?

De cada 100 candidatos, em média dois conseguirão ser aprovados. Portanto, para os outros 98 acredito que o chute compensa, mesmo que haja penalidades. Aconselho aos restantes 2% que também o façam, pelos seguintes motivos:

- o candidato não sabe quantas e quais questões seguramente vai acertar;
- é praticamente impossível precisar onde está a linha de corte;
- as técnicas de chute aumentam substancialmente as chances;

ao eliminar a possibilidade de deixar em branco, simplifica-se o raciocínio; em vez de três opções (verdadeiro; falso; não sei, vou deixar em branco), sua estratégia será de apenas duas hipóteses, o que aumenta sua eficiência.

É evidente que estou sempre atento aos editais e penalidades, mas até hoje não encontrei um concurso em que o chute não pudesse compensar.

OS EXAMINADORES CONHECEM TAIS TÉCNICAS?

Acredito que os examinadores não só conhecem as técnicas de chute, como devem lutar desesperadamente contra elas.

Mas também penso que conheço as intenções dos examinadores e estou sempre de olho neles, sempre observando-os de perto. Tento seguir as orientações de Sun Tzu (autor de *A arte da guerra*).

A TÉCNICA DO CHUTE É POLITICAMENTE INCORRETA?

O nome Técnica do Chute pode levar alguns a acreditar que isso desestimularia os alunos a estudar. Não é o que de fato acontece. Os nossos alunos estudam com mais afinco ainda, já que vislumbram uma boa oportunidade pela frente.

Além do mais, a Técnica do Chute está de acordo com o ensino analítico, pois com ela o candidato não precisa mais aceitar passivamente as questões, sem estudá-las com cuidado. Ele pode examinar as informações, tirar suas conclusões e adotar a estratégia que mais lhe convém. Assim o concurso começa bem antes da prova, com revisões e atualizações das Técnicas de Chute para cada exame.

O QUE SÃO AS TÉCNICAS DE CHUTE

As Técnicas de Chute são um conjunto de pistas e detalhes que nos levam a diagnosticar se um item é certo ou errado e devem ser usadas junto com o conhecimento obtido ao longo dos anos.

As fontes de pesquisas são os sites das instituições que realizam concursos, os editais, as últimas provas, as justificativas para anulações de questões e os critérios a serem observados na elaboração de questões, inclusive nos distratores (alternativas incorretas). Aliás, é o modo como o examinador torna falso um item, a minha maior inspiração.

OS ITENS CERTOS

Os itens certos geralmente são longos, politicamente corretos, acompanham a lógica, os princípios e o bom senso, e não contêm afirmações preconceituosas. Sua leitura se dá de uma só vez, sem quebras. Chegam até a provocar sono.

Itens certos costumam vir acompanhados de palavras inclusivas, abrangentes, para garantir a possibilidade de eventuais exceções.

OS ITENS ERRADOS

O examinador adota alguns procedimentos básicos para tornar um item falso. É estudando o seu *modus operandi* que você poderá conseguir aumentar sua nota.

Para tornar errada uma questão, ele costuma inserir uma falsidade (uma "batata podre"), trocar conceitos (inversões), colocar palavras que não deixam margem para exceções (exclusivas), usar duas verdades e dizer erradamente que uma é causa da outra (causa/consequência) ou ele pode colocar, sutilmente, uma "casca de banana". E o candidato escorrega...

AS 13 TÉCNICAS DE CHUTE

Para cada prova ou concurso, acredito ser necessário validar, atualizar, revisar e ampliar as Técnicas de Chute. Mas é possível perceber que os padrões se repetem, o que permitiu definir em 13 as Técnicas de Chute.

Este capítulo aborda as Técnicas de Chute com detalhes e exemplos reais, tirados do Enem, vestibulares e diversos concursos públicos.

Boa sorte!

1. A CARA DO GABARITO

Em provas mal elaboradas ou quando não há coordenação entre os diversos examinadores, é possível o gabarito concentrar suas alternativas corretas em apenas uma letra. Foi o caso desta prova de 2006, da Diretoria de Portos e Costas, em que, nas 70 questões, houve 19 na letra B e apenas 10 na letra E. Uma diferença de 90%.

Veja o gabarito da prova.

	1	2	3	4	5	6	7	8	9	10	11	12	13	14	15	16	17	18	19
A	3	7	20	23	24	26	27	30	33	34	37	38	57	68					
B	1	12	16	18	19	21	28	31	35	42	46	52	56	58	63	64	66	67	69
C	9	17	22	25	29	32	39	44	47	49	50	65							
D	2	5	6	8	10	13	40	41	48	53	54	60	61	62	70				
E	4	11	14	15	36	43	45	51	55	59									

Nesse caso, o candidato pode chutar na letra "B" nas questões que não sabe, apostando na repetição do padrão.

Há outros casos em que a coordenação é total, e a banca examinadora distribui muito bem o gabarito. O exemplo mais notável é o Enem, que repetiu o mesmo padrão todos os anos anteriores.

LETRA	2006	2007	2008
A	12	12	12
B	13	13	13
C	12	12	12
D	13	13	13
E	13	13	13
TOTAL	63	63	63

Aqui, o recomendável é que, ao final da prova, nas perguntas que você não sabe, chute a letra que menos apareceu. Note que B, D e E tiveram uma resposta a mais.

Se você verificar que há mais de treze questões em determinada letra, a sugestão é fazer uma revisão específica para elas, pois talvez algumas estejam com a escolha incorreta.

Outra possibilidade é que, na falta de tempo para ler enunciados muito grandes, talvez fosse bom você chutar na letra menos assinalada.

2. Grandes opções

Uma pequena falsidade pode invalidar um item. Para formular um argumento correto, os examinadores costumam colocar todo o conceito. Uma pequena omissão pode acabar por anular a questão a pedido de alunos mais atentos. Assim, as respostas corretas geralmente são maiores que as erradas.

Por outro lado, o examinador pode inserir falsidades nos itens que quer incorretos (a chamada "batata podre"). Nesse caso, o quesito certo costuma ser o menor deles.

Analisando a prova do Enem de 2007, encontramos a estatística a seguir para as opções corretas, por ordem de tamanho (as primeiras são as questões com texto maior, as quintas são as opções com texto menor).

	1	2	3	4	5	6	7	8	9	10	11	12
1ª	3	4	12	16	18	21	29	36	43	46	52	56
2ª	6	10	17	23	27	50	55	58				
3ª	13	20	26	49	54	59	61					
4ª	9	14	19	33	39	44	47	53	62	63		
5ª	15	22	28	31	38	41	42	45	48			

Note que as corretas geralmente são as maiores (1ª) ou são as menores (4ª e 5ª). Veja também que os itens de tamanho médio (3ª) são os que têm menor probabilidade de serem os corretos.

FUVEST 2008
52. Considere as seguintes comparações entre *Vidas Secas* e *Iracema*:

I. Em ambos os livros, a parte final remete o leitor ao início da narrativa: em *Vidas Secas*, essa recondução marca o retorno de um fenômeno cíclico; em *Iracema*, a remissão ao início confirma que a história fora contada em retrospectiva, reportando-se a uma época anterior à da abertura da narrativa.

II. A necessidade de migrar é tema de que *Vidas Secas* trata abertamente. O mesmo tema, entretanto, já era sugerido no capítulo final de *Iracema*, quando, referindo-se à condição de migrante de Moacir, "o primeiro cearense", o narrador pergunta: "Havia aí a predestinação de uma raça?"

III. As duas narrativas elaboram suas tramas ficcionais a partir de indivíduos reais, cuja existência histórica, e não meramente ficcional, é documentada: é o caso de Martim e Moacir, em *Iracema*, e de Fabiano e sinhá Vitória, em *Vidas Secas*.

Está correto o que se afirma em

a) I, somente.
b) II, somente.
c) I e II, somente.[2]
d) II e III, somente.
e) I, II e III.

COMENTÁRIOS

☙ Acredito que os examinadores adoram este tipo de questão, pois, enquanto nas questões mais usuais eles têm de tornar falsos quatro itens, aqui geralmente tornam falso um ou dois.

☙ Note que os itens corretos (I e II) possuem mais texto, enquanto o incorreto (III) possui menos texto (reforçando a ideia de que os corretos tendem a ser maiores).

☙ Note também que, nas alternativas, o item I aparece três vezes, o II quatro vezes e o III, apenas duas vezes. Ou seja, o incorreto aparece menos vezes como opção.

Exemplos de pequenas, porém verdadeiras, opções

ENEM 2007
31. A partir da leitura dos mapas acima, conclui-se que

A) o índice de infecção por LTA em Minas Gerais elevou-se muito nesse período.
B) o estado de Mato Grosso apresentou diminuição do índice de infecção por LTA devido às intensas campanhas de saúde.
C) a expansão geográfica da LTA ocorreu no sentido norte-sul como resultado do processo predatório de colonização.
D) o índice de infecção por LTA no Maranhão diminuiu em virtude das fortes secas que assolaram o estado nesse período.
E) o aumento da infecção por LTA no Rio Grande do Sul resultou da proliferação do roedor que transmite essa enfermidade.

[2] Para este e outros exemplos de questões, a alternativa correta está em negrito.

COMENTÁRIO
Note que o examinador tornou falsas as respostas B, C, D e E colocando causas inexistentes. Daí A ser a menor delas.

3. Ovelha negra

Ao elaborar uma questão, geralmente a banca examinadora escolhe uma como verdadeira e torna falsas, de maneira igual, as outras quatro. A verdadeira (a "ovelha negra") se destaca das demais.

Enem 2007
60. Qual das seguintes fontes de produção de energia é a mais recomendável para a diminuição dos gases causadores do aquecimento global?

A. Óleo diesel.
B. Gasolina.
C. Carvão mineral.
D. Gás natural.
E. Vento.

COMENTÁRIO
As quatro primeiras letras são semelhantes (combustíveis fósseis), sendo o vento (a ovelha negra) uma energia renovável, totalmente diferente das outras.

4. A mais votada

Os detalhes verdadeiros tendem a se repetir nas questões. Geralmente a resposta certa é a mais votada, ou seja, a mais usada entre todas as opções. Nas provas mais sofisticadas, os examinadores estão atentos para não deixar que isso aconteça. Já nos concursos menores isso pode ocorrer bastante.

Prefeitura Municipal de Baependi MG 2007
4. Foi anunciada em Lisboa no dia 09/07/2007 a lista das Sete Novas Maravilhas do Mundo. Assinale-as.

a) A Grande Muralha da China, a cidade helenística de Petra, o Cristo Redentor do Rio de Janeiro, a cidade inca de Machu Picchu, as pirâmides do Egito, o Coliseu e o túmulo de Taj Mahal.

b) A Grande Muralha da China, o Palácio de Versailles, o Cristo Redentor do Rio de Janeiro, a cidade inca de Machu Picchu, a pirâmide de Chichen Itz'a, o Coliseu e o túmulo do Taj Mahal.

c) A Grande Muralha da China, a cidade helenística de Petra, o Cristo Redentor do Rio de Janeiro, a cidade inca de Machu Picchu, a pirâmide de Chichen Itz'a, o Coliseu e o túmulo do Taj Mahal.

d) A Grande Muralha da China, a cidade helenística de Petra, o Cristo Redentor do Rio de Janeiro, a cidade inca de Machu Picchu, a pirâmide de Chichen Itz'a, os Museus de Roma e o túmulo do Taj Mahal.

e) A Grande Muralha da China, a cidade helenística de Petra, o Cristo Redentor do Rio de Janeiro, a cidade inca de Machu Picchu, a pirâmide de Chichen Itz'a, o Coliseu e a Basílica de São Pedro.

Conseguimos determinar com precisão quais são as sete maravilhas ao apurar os votos, ou seja, quantas vezes aparecem nas opções.

MARAVILHA	VOTOS
A Grande Muralha da China	05
A cidade helenística de Petra	04
O Cristo Redentor do Rio de Janeiro	05
A cidade inca de Machu Picchu	05
A pirâmide de Chichen Itz'a	04
O Coliseu	04
O túmulo de Taj Mahal	04
As pirâmides do Egito	01
O Palácio de Versailles	01
Os Museus de Roma	01
A Basílica de São Pedro	01

Fácil, não?

5. Politicamente correta

Quase todos os concursos têm como certos os itens politicamente corretos, que atendem aos princípios e ao bom senso. As instituições que realizam concursos muitas vezes tentam passar os valores das empresas que vão contratar, fazendo um tipo de propaganda de suas crenças e políticas.

Caixa Econômica Federal 2008
26. A respeito das normas de conduta ética que pautam as atividades exercidas pelos empregados e dirigentes da CAIXA, pode-se afirmar que:

I – as situações de provocação e constrangimento no ambiente de trabalho devem ser eliminadas;

II – os fornecedores habituais da CAIXA devem ter prioridade de contratação quando da demanda por novos serviços;

III – no exercício profissional, os interesses da CAIXA têm prioridade sobre interesses pessoais de seus empregados e dirigentes;

IV – não se admite qualquer espécie de preconceito, seja este relacionado à origem, raça, cor, idade, religião, credo ou classe social.

Estão corretas as afirmativas
(A) I e III, apenas.
(B) II e IV, apenas.
(C) I, II e IV, apenas.
(D) I, III e IV, apenas.
(E) I, II, III e IV.

No Enem, além de avaliar conhecimento, habilidades e competências, a prova exerce uma grande função didática sobre a população jovem brasileira.

Para cumprir esse papel, colocam-se nos itens corretos lições de bons princípios, como no exemplo abaixo.

Enem 2007
09. Se a exploração descontrolada e predatória verificada atualmente continuar por mais alguns anos, pode-se antecipar a extinção do mogno. Essa madeira já desapareceu de extensas áreas do Pará, de Mato Grosso, de

Rondônia, e há indícios de que a diversidade e o número de indivíduos existentes podem não ser suficientes para garantir a sobrevivência da espécie em longo prazo. A diversidade é um elemento fundamental na sobrevivência de qualquer ser vivo. Sem ela, perde-se a capacidade de adaptação ao ambiente, que muda tanto por interferência humana como por causas naturais.

Internet: <www.greenpeace.org.br> (com adaptações).

Com relação ao problema descrito no texto, é correto afirmar que

A. a baixa adaptação do mogno ao ambiente amazônico é causa da extinção dessa madeira.

B. a extração predatória do mogno pode reduzir o número de indivíduos dessa espécie e prejudicar sua diversidade genética.

C. as causas naturais decorrentes das mudanças climáticas globais contribuem mais para a extinção do mogno que a interferência humana.

D. a redução do número de árvores de mogno ocorre na mesma medida em que aumenta a diversidade biológica dessa madeira na região amazônica.

E. o desinteresse do mercado madeireiro internacional pelo mogno contribuiu para a redução da exploração predatória dessa espécie.

Comentário
Note que, além de politicamente correta, a letra B ainda carrega a palavra "pode" para torná-la totalmente certa. Veja que os outros quatro itens são politicamente incorretos.

6. Inclusivas

Você marcaria como falso ou verdadeiro o item "matar é crime"?

Essa dúvida pode aparecer mesmo depois de você ter estudado a valer e descoberto que, no Código Penal, artigo 23, matar pode não ser considerado crime se alguém o fizer por:

- estado de necessidade
- legítima defesa
- estrito cumprimento de dever legal
- exercício regular de direito

É para acabar com esse tipo de dúvida que os examinadores são bastante cuidadosos. Quando querem que o item seja correto, geralmente usam palavras inclusivas.

Matar	em geral fundamentalmente normalmente em regra pode ser	é crime

Exemplos de questões inclusivas (corretas)

Cespe/Dpe – ES 2006
116. Os embargos de declaração, em princípio, não admitem resposta da parte contrária, são julgados pelo próprio órgão *a quo* e não podem ser opostos com base na dúvida.

Comentário
Para que esse item acima seja considerado correto, as três frases precisam ser corretas. O termo "em princípio" garante a retidão das três.

Mais exemplos.
68. O quadro abaixo pode ser completamente preenchido com algarismos de 1 a 6, de modo que cada linha e cada coluna tenham sempre algarismos diferentes (BB2 2007).
72. As pessoas físicas podem comprar e vender moeda estrangeira ou realizar transferências internacionais em reais, de qualquer natureza, sem limitação de valor, desde que observada a legalidade da transação. (BB2 2007)
80. O valor total das emissões de debêntures não poderá ultrapassar o capital social da companhia, excetuados os casos previstos em lei especial. (BB2 2007)
97. Com relação aos títulos de capitalização, não há obrigação prevista em lei para que o resgate seja igual ao montante pago, podendo ser, portanto, inferior. (BB2 2007)
110. No penhor rural, a regra é que a coisa empenhada continua em poder do devedor, que deve guardá-la e conservá-la. (BB2 2007)

122. O IOF pode incidir sobre operações de crédito, de câmbio, de seguro e com títulos ou valores mobiliários. (BB2 2007)

126. Vendor finance é um tipo de financiamento a vendas no qual a empresa utiliza seu crédito para incrementar o prazo do cliente sem onerar o caixa. Em geral, há benefício fiscal pela redução no preço da mercadoria. (BB2 2007)

7. Exclusivas

Quando os examinadores querem assegurar que o item é falso, habitualmente colocam palavras exclusivas, que não admitem exceções:

Matar	nunca sempre obrigatoriamente não não pode ser	é crime

Importante

Se simplesmente aparecer a afirmação "matar é crime", sugiro marcar como falsa. Para ser verdadeira, uma afirmativa geralmente tem que fazer menção às exceções, como na frase: "Matar em regra é crime, salvo raras exceções previstas em lei." Mas o aconselhável é analisá-la dentro do contexto oferecido pelas outras quatro opções.

Exemplos de exclusivas consideradas itens incorretos

2. O Código de Defesa do Consumidor, considerado legislação avançada para o comércio convencional, mostrou-se totalmente inadequado para abranger as novas modalidades de transação comercial possibilitadas pelo advento da Internet. (BB2 2007)

4. Casos de pedofilia têm acontecido com preocupante intensidade, mas, como restringem-se ao âmbito da rede mundial de computadores, podem ser mais facilmente descobertos e punidos. (BB2 2007)

5. Como o sistema bancário brasileiro está muito pouco informatizado, diversas modalidades de transações, como o pagamento de impostos e tributos ou a transferência de valores, deixam de ser feitas pela Internet. (BB2 2007)

10. Para se selecionar todo o texto em edição contido na janela mostrada, é suficiente aplicar um clique duplo em qualquer uma das palavras do texto. (BB2 2007)

81. O número e o valor nominal das ações de uma companhia não poderão ser alterados. (BB2 2007)

96. O segurado de um seguro de pessoas não pode contratar simultaneamente mais de um seguro, porque há um limite para o valor da indenização. (BB2 2007)

108. A fiança é uma garantia pessoal, na qual o credor não poderá exigir que seja substituído o fiador, quando o mesmo se tornar insolvente ou incapaz. (BB2 2007)

109. O aval, uma vez dado, não poderá ser cancelado pelo avalista. (BB2 2007)

8. Politicamente incorretas

De maneira oposta às politicamente corretas, o examinador em geral coloca nos itens incorretos aquilo que não é recomendável eticamente.

Enem 2007

47. Quanto mais desenvolvida é uma nação, mais lixo cada um de seus habitantes produz. Além de o progresso elevar o volume de lixo, ele também modifica a qualidade do material despejado. Quando a sociedade progride, ela troca a televisão, o computador, compra mais brinquedos e aparelhos eletrônicos. Calcula-se que 700 milhões de aparelhos celulares já foram jogados fora em todo o mundo. O novo lixo contém mais mercúrio, chumbo, alumínio e bário. Abandonado nos lixões, esse material se deteriora e vaza. As substâncias liberadas infiltram-se no solo e podem chegar aos lençóis freáticos ou a rios próximos, espalhando-se pela água. (Anuário de Gestão Ambiental 2007 p. 47-8 – com adaptações)

A respeito da produção de lixo e de sua relação com o ambiente, é correto afirmar que:

A) as substâncias químicas encontradas no lixo levam, frequentemente, ao aumento da diversidade de espécies e, portanto, ao aumento da produtividade agrícola do solo.

B) o tipo e a quantidade de lixo produzido pela sociedade independem de políticas de educação que proponham mudanças no padrão de consumo.

C) a produção de lixo é inversamente proporcional ao nível de desenvolvimento econômico das sociedades.

D) o desenvolvimento sustentável requer controle e monitoramento dos efeitos do lixo sobre espécies existentes em cursos d'água, solo e vegetação.

E) o desenvolvimento tecnológico tem elevado a criação de produtos descartáveis, o que evita a geração de lixo e resíduos químicos.

9. BATATA PODRE

Para tornar um item errado, geralmente o examinador copia um trecho correto e coloca uma parte falsa, normalmente no final da frase. É como uma batata podre que estraga todo o saco.

FUVEST 2008

90. A energia luminosa fornecida pelo Sol

a) é fundamental para a manutenção das cadeias alimentares, mas não é responsável pela manutenção da pirâmide de massa.

b) é captada pelos seres vivos no processo da fotossíntese e transferida ao longo das cadeias alimentares.

c) tem transferência bidirecional nas cadeias alimentares por causa da ação dos decompositores.

d) transfere-se ao longo dos níveis tróficos das cadeias alimentares, mantendo-se invariável.

e) aumenta à medida que é transferida de um nível trófico para outro nas cadeias alimentares.

COMENTÁRIO

Note que o termo "mas não é" é suficiente para invalidar todo o item "a".

10. Casca de banana

Cuidado! As provas habitualmente estão cheias de "cascas de banana", nas mais diferentes formas. Geralmente na letra A, mas podem vir nas outras também.

Aqui, o examinador talvez queira diferenciar as pessoas que possuem uma análise apurada das que só avaliam os fatos superficialmente.

Enem 2007
54. Fenômenos biológicos podem ocorrer em diferentes escalas de tempo. Assinale a opção que ordena exemplos de fenômenos biológicos, do mais lento para o mais rápido.

A) germinação de uma semente, crescimento de uma árvore, fossilização de uma samambaia

B) fossilização de uma samambaia, crescimento de uma árvore, germinação de uma semente

C) crescimento de uma árvore, germinação de uma semente, fossilização de uma samambaia

D) fossilização de uma samambaia, germinação de uma semente, crescimento de uma árvore

E) germinação de uma semente, fossilização de uma samambaia, crescimento de uma árvore

Comentário
Casca de banana! Caí nessa! Marquei A e é B. Do mais lento para o mais rápido, dá ideia de que é do menor para o maior, quando é o contrário.

11. Causa/consequência

Uma interessante maneira de falsear uma questão é usar duas verdades e dizer que uma é causa ou consequência da outra, quando não é.

Veja o exemplo abaixo.

ENEM 2007

55. As mudanças evolutivas dos organismos resultam de alguns processos comuns à maioria dos seres vivos. É um processo evolutivo comum a plantas e animais vertebrados:

A. movimento de indivíduos ou de material genético entre populações, o que reduz a diversidade de genes e cromossomos.

B. sobrevivência de indivíduos portadores de determinadas características genéticas em ambientes específicos.

C. aparecimento, por geração espontânea, de novos indivíduos adaptados ao ambiente.

D. aquisição de características genéticas transmitidas aos descendentes em resposta a mudanças ambientais.

E. recombinação de genes presentes em cromossomos do mesmo tipo durante a fase da esporulação.

Comentário
Veja como o examinador usa duas verdades na letra "D", mas afirma incorretamente que as mudanças ambientais provocam a aquisição de características genéticas.

12. A mais correta (eliminação das absurdas)

Essa é a técnica mais importante, que deve ser usada em todas as questões. Quando se pede para "selecionar a correta", mude a frase para "selecionar a mais correta".

Fuvest 2008

No início do século XVI, Maquiavel escreveu *O Príncipe* – uma célebre análise do poder político, apresentada sob a forma de lições, dirigidas ao príncipe Lorenzo de Medici. Assim justificou Maquiavel o caráter professoral do texto:

Não quero que se repute presunção o fato de um homem de baixo e ínfimo estado discorrer e regular sobre o governo dos príncipes; pois assim como os [cartógrafos] que desenham os contornos dos países se colocam na planície para considerar a natureza dos montes, e para considerar a das planícies ascendem aos montes, assim também, para conhecer bem a natureza dos povos, é necessário ser príncipe, e para conhecer a dos príncipes é necessário ser do povo. (Tradução de Lívio Xavier, adaptada).

46. Ao justificar a autoridade com que pretende ensinar um príncipe a governar, Maquiavel compara sua missão à de um cartógrafo para demonstrar que

a) o poder político deve ser analisado tanto do ponto de vista de quem o exerce quanto do de quem a ele está submetido.
b) é necessário e vantajoso que tanto o príncipe como o súdito exerçam alternadamente a autoridade do governante.
c) um pensador, ao contrário do que ocorre com um cartógrafo, não precisa mudar de perspectiva para situar posições complementares.
d) as formas do poder político variam, conforme sejam exercidas por representantes do povo ou por membros da aristocracia.
e) tanto o governante como o governado, para bem compreenderem o exercício do poder, devem restringir-se a seus respectivos papéis.

Comentário
Note que os itens b, c e e possuem absurdos. A eliminação desses três itens pode ajudar bastante a localizar o item correto.

13. Inversões

Outra maneira de tornar quesitos errados é usar conceitos verdadeiros e misturá-los invertendo palavras, provocando confusão.

Cespe – BB2 2007
130. A sociedade distribuidora de títulos e valores mobiliários pode operar diretamente no ambiente físico da bolsa de valores, enquanto a sociedade corretora de títulos e valores mobiliários não pode.

Comentário
Note que o examinador simplesmente trocou de lugar as palavras "distribuidora" e "corretora", tornando o item errado.

CERTAS	1	A Cara do Gabarito	Existem concursos em que não há coordenação e a CARA DO GABARITO vem com muitas diferenças entre uma letra e outra. Noutros, há um absoluto planejamento e as letras são bem divididas, como no ENEM. Neste caso, deixe as questões sem dicas por último, chutando na letra que tiver menos.
	2	Grandes Opções	Uma pequena omissão muitas vezes torna o item incorreto. Portanto, para que uma assertiva seja totalmente verdadeira, muitas vezes vem com um tamanho bem maior do que o das outras letras. Assim, geralmente os itens grandes são corretos. Por outro lado, os menores também costumam ser corretos.
	3	Ovelha Negra	Muitas vezes, a opção correta difere das incorretas, tal como uma ovelha negra num rebanho (muitas vezes no tamanho).
	4	A Mais Votada	Em provas menos elaboradas, utiliza-se muito. No ENEM ficou difícil, já que o examinador está distribuindo bem as respostas certas, para evitar tal artimanha. O ENEM está mais para a OVELHA NEGRA do que para a MAIS VOTADA.
	5	Politicamente Correta	Especificamente no ENEM, há muita lição de moral, assim o examinador coloca uma frase politicamente correta no item CERTO. Há concursos em que a posição ideológica do examinador é determinante.
	6	Inclusivas	Quando preveem exceções ou usam palavras inclusivas, geralmente são corretas. Palavras chaves: a princípio, predominantemente, fundamental, em geral, em regra, pode, etc...
ERRADAS	7	Exclusivas	Quando a opção é muito forte, não deixando brechas para exceções, geralmente é incorreta. Palavras-chave: GARANTE, nunca, sempre, obrigatoriamente, não, totalmente, apenas, jamais, em hipótese alguma, em tempo algum, de modo nenhum, só, somente, unicamente, exclusivamente, tão-só, tão-somente, etc...
	8	politicamente Incorreta	Ao contrário da 5, no ENEM o examinador coloca itens politicamente incorretos como falsos, aparentemente tentando desempenhar função educativa sobre os jovens.
	9	Batata Podre	O item quase todo é correto, mas há a inserção de um pedaço que o invalida (geralmente no final da frase).
	10	Casca de Banana	CUIDADO! Concordo que é sacanagem, mas sempre tem. O lugar preferido é a letra "a", mas pode vir abaixo. Muitas vezes, é uma verdade, mas que não pode ser inferida do texto como é pedido. Outras vezes, é uma mentira tida como verdade por muitos, mas que é desmentida pelo texto...
	11	Causa/Consequência	Traz duas verdades, mas falseia ao dizer que uma é causa da outra. Outras vezes, liga uma verdade a uma causa absurda.
	12	Eliminação das Opções Mais Absurdas = A Mais Correta	Eliminar as absurdas é o grande segredo. Aumenta a probabilidade de acerto nos chutes.Também nos livra das "cascas de banana" e "bobeiras" nas matérias que estudamos com grande sacrifício. Aquele velho erro de marcar a correta, quando se pede a incorreta, também é eliminado.
	13	Inversões	O item traz definições corretas, mas as liga invertidamente às palavras que representam.

Uma dica final...

Você acha que Oscar Schmidt, jogador de basquete, acertava muitas cestas por sorte? Não. Ele treinava muito para isso. Por isso, é recomendável fazer um grande número de concursos, pois, quanto mais você treinar, mais a probabilidade de ter sucesso aumenta.

Bons estudos e boa sorte!

Considerações finais
Autora: Roseli Maria Ferreira Lopes

Em países como o Brasil, provas e concursos assumem uma posição significativa, o que determina seu grau de importância para quem deles participa. O volume de interessados aliado às condições gerais de sobrevivência da população tornam a situação de competição uma verdadeira carnificina, como numa guerra envolvendo lados da mesma moeda.

É uma indústria de sonhos que se apresenta a qualquer um que deseje a tão sonhada realização e a tão perseguida qualidade de vida. A maioria deseja os dois. E é assim que deve ser para atingir o alvo.

A todos os que buscam esse alvo, é fundamental ter alguns princípios em mente. E segui-los, como se formassem uma trilha a ser percorrida até o grande prêmio – a aprovação.

PRINCÍPIOS DO SUCESSO

1. Porquê
O primeiro princípio diz respeito ao **porquê** de sua participação em provas e concursos. Quando você conseguir completar a frase "Eu quero participar desse concurso e ser aprovado porque ...", de forma consciente, consistente e realista, estará pronto para começar a caminhada. Saber o porquê de suas ações é a melhor fonte de motivação que qualquer pessoa pode ter.

2. Motivação
O segundo princípio diz respeito à **motivação**. Repetindo: a fonte de sua motivação nasce da clareza de seu porquê. Estabelecida essa fonte, beba nela todos os dias, todas as horas, todos os minutos de sua caminhada.

Todas as vezes em que surgir um obstáculo, motive-se e siga em frente. Se tiver que dar uma pausa, por não depender de você a continuidade, pare, respire e beba ânimo de sua fonte de motivação. Crie um cartão com o seu porquê. Leia-o todos os dias. Pense nele todas as vezes em que se preparar para estudar. Quando sentir o cansaço tomar conta de seu ser, leia o seu porquê. E dê mais um passo. Talvez dois.

Motivação é o motor de qualquer ação que vise ao sucesso, seja ele pessoal, profissional ou econômico. Mais forte ainda se torna quando esse sucesso traz tudo bem interligado – pessoal, profissional, econômico. É essa motivação que vai fazer com que você conheça seus limites e supere-os, sempre melhorando seu lugar nesse "ranking" de competição que você mesmo escolheu.

3. Planejamento

O terceiro princípio é o princípio do **planejamento**. Planeje absolutamente tudo. Planeje onde vai se preparar para a competição. Isso quer dizer desde o curso preparatório que vai fazer (se puder, se quiser, se achar necessário) até a rotina diária de sua preparação.

Planeje seus passos tendo em vista o panorama de sua busca. Não adianta pensar no quanto ela pode estar distante: COMECE AGORA. E comece planejando.

Tenha muito cuidado e visão nesse planejamento, para que ele seja realista e consistente. Para que ele seja verdadeiro. Se houver outras pessoas envolvidas em seu processo, peça-lhes ajuda. E planejem juntos, cuidadosamente. As estratégias que vão nascer desse planejamento, bem como a utilização do tempo e a mudança de alguns hábitos, devem ser esclarecidas, discutidas e analisadas, antes de serem aceitas. Aceitas por todos. Absolutamente TODOS!

Defina cada passo. Defina cada atitude. Defina cada meta. Conte, porém, com imprevistos. E prepare-se para lidar com eles de forma a não perder de vista o seu planejamento inicial.

4. Administração

O quarto princípio diz respeito à **administração**. Administração da situação, do contexto, do tempo, dos limites físicos e mentais, dos imprevistos, do dinheiro, enfim, de TUDO. Você é o gerente responsável por atitudes e consequências advindas delas. O bom gerenciamento sempre será o que leva em conta, acima de tudo, o RESPEITO. Respeito aos que partilham o projeto com você. Respeito aos seus limites físicos, mentais e emocionais. Respeito às necessidades de todo o grupo envolvido. Acima de tudo, respeito com você mesmo, por tudo o que essa jornada representa. Tendo o respeito como guia, a administração de tudo será menos traumática, mais eficiente e com resultados eficazes. Sem dúvida alguma.

5. Investimento

O quinto princípio diz respeito a **investimento**. Investimento no sentido mais amplo do termo. Investimento de energia. Investimento de tempo. Investimento de si mesmo na mira do alvo. É fundamental lembrar uma assertiva óbvia: o seu prêmio é proporcional ao seu investimento. O que isso quer dizer? Isso quer dizer que somente se recebe em troca aquilo que foi investido, nem mais nem menos. Um exemplo deixa isso muito claro: se o seu alvo é uma cobertura num prédio de alto padrão, o investimento tem o tamanho desse alvo, devendo ser constante, intenso, de alto valor, enfim, deve corresponder ao prêmio que você deseja. É evidente que, se o alvo for uma quitinete, a intensidade e o valor desse investimento são absolutamente diferentes. Mas nem um pouco menos importante. Saber exatamente o que se deseja vai determinar o peso e a intensidade do investimento. O que não se pode esquecer é isto: aquele que foca seu investimento para conquistar uma quitinete jamais poderá tentar conquistar como prêmio, no fim do processo, uma cobertura. O contrário, porém, é fantástico: quem foca seu investimento para conquistar uma cobertura poderá, sem dúvida, trocar sua cobertura por várias quitinetes, se assim o desejar. A lógica desse raciocínio é muito simples e evidente: investir nunca é demais e pode tornar-se um elemento a mais de garantia e segurança para candidato a qualquer tipo de provas e concursos. A cobertura como limite rompe as barreiras de muitas quitinetes. E a vantagem é do investidor. SEMPRE!

6. Desempenho

O sexto princípio diz respeito ao **desempenho**. E desempenho tem tudo a ver com repetição, exercícios, leituras e, acima de tudo, PACIÊNCIA e VERDADE. Não perca a paciência. Não minta para você mesmo. Leia os editais, organize-se, faça exercícios. Faça toneladas de exercícios. A rotina da

repetição, necessária para muitos conteúdos, torna automáticos certos setores de informação para serem bem assimilados. Você pode seguir alguns procedimentos básicos como:
1. estude determinado conteúdo;
2. faça exercícios de fixação desse conteúdo;
3. faça exercícios de provas anteriores focados nesse conteúdo estudado;
4. verifique seu desempenho em cada um desses passos e só passe à frente se o passo em que estiver foi dominado cem por cento.

Exemplificando:
1. estudo de acentuação gráfica até não ter DÚVIDA ALGUMA;
2. fixação da teoria através de exercícios até que seja capaz de acertar tudo com as regras todas memorizadas, sem precisar consultar a teoria uma única vez;
3. resolução dos exercícios de acentuação gráfica cobrados em provas anteriores, tantas vezes quantas sejam necessárias para que todos estejam corretos, com a compreensão total da teoria que justifica cada uma das respostas;
4. avaliação do desempenho, ou seja, não minta para si mesmo: avalie seu desempenho de modo consciente e realista a cada um desses passos.

Todo esse processo é desgastante? É, sim. Desgastante, longo, profundamente exigente. É ele que lhe dará segurança para dizer frente às questões das provas o tão sonhado 'Esta eu sei'. E acertar, é claro.

7. Força de vontade

O sétimo princípio diz respeito à **força de vontade**. Sua força de vontade está intimamente vinculada à sua motivação. A intensidade de sua motivação fornece o grau necessário para você preencher e manter atuante sua força de vontade. O caminho de um candidato a provas e concursos não é fácil. A vontade de desistir chega, em algum e até mesmo em vários momentos. O que não se pode fazer é enganar-se. Perder parte da força de vontade e fingir que sabe, fingir que estuda, fingir que aprende. E, depois de todo esse fingimento, exigir a verdade do prêmio desejado – a aprovação. Nem brincando! Seu fingimento vai obter o único prêmio possível – uma falsa aprovação. Ou seja, uma reprovação de fato. Perder todo esse tempo fingindo valeu alguma coisa? Só uma: aprender da maneira mais dolorosa que esse não é o caminho – é uma cilada. E fazer o certo para o próximo concurso e a próxima prova. Porque este concurso, esta prova, ah!, estes já eram! ACORDE!

8. Fé Racional

O oitavo princípio diz respeito ao que vamos chamar de **fé racional**. Parece contraditório. Mas não é. O que se pede aqui ao candidato é que tenha fé – fé em seus amuletos (quase todo mundo tem...), fé em sua religião, fé em seus santos, enfim, fé em tudo o que não se vê, mas que toca você profundamente. Essa é a fé que todos conhecem. O que parece estranho é ligar essa fé à razão. Como é possível? Siga o nosso raciocínio. A razão entra nesse esquema de raciocínio como o elemento que pode ser controlado, determinado, manipulado, organizado. VOCÊ é o fator razão desse esquema. Tudo o que depende de você está no campo da razão. Tudo o que você faz para conseguir atingir o alvo desejado é racional. Pura ação racional. Puramente atitudes organizadas que visam à conquista de seu objetivo. Você cria seu esquema racional, estrutura-se, investe, desempenha, atua. Você AGE! Você FAZ ACONTECER! E é aí que entra a fé. A fé em você mesmo. Agindo e fazendo acontecer, você passa a ter fé em quem você é e no que é capaz. Você acredita em si mesmo. Porque, fazendo acontecer guiado pela razão, você pode mudar sua vida. Conquistar seu alvo. Ser dono de seu futuro. Essa é a fé consciente que todo e qualquer candidato deve ter em mente.

Você fará uma viagem inesquecível nas páginas deste livro.

Um dos livros mais vendidos no Brasil segundo as revistas ÉPOCA e VEJA.

Editora Fundamento

À venda no site www.editorafundamento.com.br ou nas melhores livrarias

BESTSELLER INTERNACIONAL

GEOFFREY BLAINEY

UMA BREVE HISTÓRIA DO SÉCULO XX

2ª EDIÇÃO REVISTA E ATUALIZADA

FUNDAMENTO

Mais uma vez, o autor de *Uma Breve História do Mundo*, Geoffrey Blainey, surpreende os leitores. Em *Uma Breve História do Século XX*, você vai se deparar com uma descrição vibrante e apaixonada dos cem anos mais fascinantes da história. O maior colapso econômico já vivido, as duas maiores guerras, o surgimento e a decadência dos regimes comunistas, o declínio das monarquias e dos grandes impérios da Europa – tudo isso com emoção e intensidade. Nessa fantástica viagem, cada fato é exibido com exatidão e sagacidade. E cada triunfo é revelado com dinamismo e entusiasmo, como em um emocionante filme sobre o nosso passado. Um livro essencial para compreender os acontecimentos que moldaram o mundo como o conhecemos.

Editora Fundamento

**À venda no site www.editorafundamento.com.br
ou nas melhores livrarias**

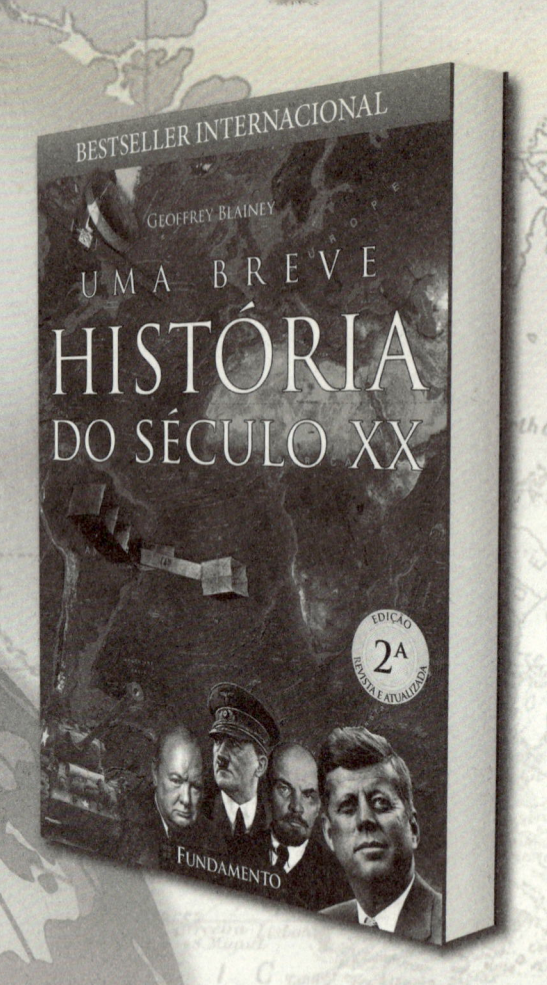